1日10分 英語回路育成計画

超音読レッスン

レッスン

感動編

新装版

鹿野晴夫=著　川島隆太=監修

JN088816

装幀・イラスト　　　斉藤 啓

本文デザイン DTP　　コン トヨコ

ナレーション　　　　Chris Koprowski

録音編集　　　　　　株式会社 巧芸創作

感動編

「英語回路」育成計画

1日10分
超音読レッスン
感動編

鹿野 晴夫 ［著］

川島 隆太 ［監修］

IBC

もくじ

感動編

トレーニングの前に

■ 心に残るストーリーで、
　「英語回路」をつくろう

■ 脳科学の言葉
　脳を鍛えて「英語回路」をつくる

心に残るストーリーで、「英語回路」をつくろう

英語 & スキルトレーニング BizCom

鹿野　晴夫

実力アップは、「英語回路」の育成から

　本書は、「1日10分！『英語回路』育成計画」シリーズの5作目です。これまでに、「伸び悩んでいた英語力がアップした」「TOEIC スコアで昇進基準をクリアできた」といった声をたくさんいただきました。

　問題集を解いたり、英会話学校に通ったりしても、なかなか成果が出なかったという方が、本書で紹介する「英語回路」を育成するトレーニングで、英語力の変化を実感されているのが特徴です。

　ぜひ、何から学習したらよいかわかないという皆さん、効果的に英語力をアップさせたいという

皆さんに、本書を使って、「英語回路」を育成するトレーニングを行っていただきたいと思います。特に、英語学習に関して下記の「失敗体験」をお持ちの方に、本書は効果的です。

- ●問題集を解いても、伸びなかった
- ●英語を聞き流しても、伸びなかった
- ●会話学校に通っても、伸びなかった
- ●単語を暗記しようとしたが、挫折した
- ●文法を勉強しようとしたが、挫折した

　私自身、中・高・大と英語が大の苦手。会社員になり、29歳で初受験したTOEICは、335点でした。そんな私ですが、1年で610点、2年3カ月で730点、3年半で850点になりました。そして、開始から7年で900点を超えることもできました（現在990点）。各レベルでトレーニングの内容は多少違うものの、本書で紹介のトレーニングは、ずっと続けてきました。
　35歳からは、トレーニング方法を指導してくれた千田潤一先生の勧めで「英語＆スキルトレーニ

ング BizCom」を設立し、私を変えてくれた「英語トレーニング」をもっと多くの人に知ってもらうための仕事を始めました。当初は、企業・学校などの講演で、トレーニング方法を紹介することが中心でしたが、2004 年には、東京の赤坂見附に BizCom 東京センターをオープンし、社会人を中心に多くの方が通学されています。

　BizCom 東京センターに通学されている皆さんも、多くの方が前述の失敗体験をお持ちでした。そんな皆さんも、本書のトレーニングで、グングン英語力を伸ばされています（本書に、その声をいくつか掲載しています）。

　本書のトレーニングは、私自身に効果があった方法であり、BizCom 東京センターの生徒さんや全国の読者の皆さんに効果があった方法です。効果が実証されているだけでなく、効果がある理由も明らかになっています。それは、本書のタイトルの通り、「英語回路」を育成する方法だからです。その原理は、本書の監修者である東北大学の川島隆太教授が解説してくれています（詳細は、22 ページ）。

　「英語回路」を育成するトレーニングは、1 日 10 分。たった 10 分でも、英語力が伸びる理由は、

楽しく続けられるからです。トレーニングに使用する英文には、日本語訳も語彙解説もありますから、辞書を引くまでもなく、ちょっとした空き時間を使って、気軽に練習できます。

　この本を手にした皆さんも、本書のトレーニングを楽しく継続して、英語力アップを実現してください。

「英語回路」ができていないと上達しない

　「英語上達のカギは、やっぱり単語と文法」英語が苦手だったころには、私もそう思っていました。

　でも、今は違います。前述のとおり、英語上達のカギは、「英文をイメージで処理できる英語回路を育成すること」です。

　英語と日本語は、単語も違いますし、文法も違います。ですから、英語を理解するための基本が、単語と文法であることは事実です。しかし、単語と文法の知識を使って、英文を日本語に訳せるように勉強しても、英語を英語のまま理解できるようにはなりません。英語を日本語に置き換えた後で、脳の日本語を処理する回路（日本語回路）を

使って理解しても、英語のまま理解する回路（英語回路）は育成できないのです。

　英語回路ができていないと、英語であっても、常に日本語回路を使って処理しなければなりません。けれども、英語と日本語は語順が違いますから、日本語回路ではすばやく処理できません。

　例えば、This is the book that I bought yesterday. を日本語回路で理解すれば、「これは（This）、昨日（yesterday）、私が買った（I bought）、本（the book）、です（is）」となります。この方法で英文を読もうとすると、目を前後させなければならないのです。

　英文を読むことは、時間をかければ、日本語回路を使ってもなんとか可能です。でも、聴く際は、相手の話すスピードに合わせて聴かなければなりませんし、耳を前後させることもできませんから、日本語回路を使って聴くことは、ほぼ不可能です。

　ですから、英語回路が育成されていなければ、ナチュラル・スピードの英語の聴き取りや、1分間に150語以上で速読する必要のある TOEIC テストなどのスピードにも、まったくついていけません。

　TOEIC テストの単語は、大学入試センター試験

の単語と95％以上合致していますし、文法は高校1年生までに習うものですが、大学1年生の平均スコアは421点（990点満点）です（2011年度TOEIC IPテスト）。

　英語は英語回路を使って処理しなければ、「使える」レベルのスピードには到底達しないのです。

　単語や文法を覚えても、英語が聴けない、速く読めない理由は、「英語回路」ができていないからです。「英語回路」の育成が進むと、英語が聴ける、速く読めるようになり、相乗的に単語や文法の定着率も上がるのです。

英語が楽しくなる‼

　繰り返しになりますが、英語回路とは、「英語をイメージで処理する回路」です。人間の脳は、「映像を処理するコンピューター」ともいわれます。つまり、理解できるということは、イメージできる（映像化できる）ということです。次の英文を読んで、状況をイメージできるかどうか、試してみてください。

A small boy at summer camp received
a large package of cookies in the mail
from his mother. He ate a few, then
placed the remainder under his bed.
The next day, after lunch, he went to his
tent to get a cookie. The box was gone.

"HONESTY"

　さっと読んで、完全な映像が浮かばないまでも、少年がクッキーを食べている様子、ベッドの下に置いたクッキーの箱が見つからない様子がイメージできれば、英語のまま理解できているということです。

　イメージが浮かばないか、英語の語順のまま理解できないか、日本語に訳さないと理解できない方は、英語回路の育成が必要です。

　では、どの程度のイメージができれば、英語回路の完成といえるのでしょうか？　今度は、上記の英文の日本語訳を読んで、同じようにイメージしてみてください。

「夏のキャンプで、ある少年が母親から郵送された大きなクッキーの箱を受け取りました。彼は少し食べると、残りをベッドの下に入れておきました。翌日、昼食の後、クッキーを取りにテントに行くと、箱が消えていました」

『正直さ』

　英文を読んだときよりも、はっきりとイメージできた方が多いのではないでしょうか？　英文を読んだり聴いたりするときに、日本語のときと同じレベルで内容をイメージできたら、英語回路の完成です。

　「英語回路」の育成が進むと、英語を聴いたり読んだりする際に、苦労せずに内容がわかるようになり、内容を楽しむ余裕が生まれます。楽しいと感じれば、もっと聴いたり読んだりするようになって、自然とインプットの量が増え、倍々で英語力が伸びていきます。

「速く音読する」ことが一番の方法

「英語を日本語に置き換えずに、イメージで理解する」

この練習を脳にさせ、英語回路を育成するのが、本書で紹介するトレーニング法です。脳を鍛える原理は、本書の監修者である東北大学の川島隆太教授の理論に基づいています（詳細は、22ページ）。

英語回路育成のためのトレーニングの基本は、速音読です。これは、「意味のわかった英文を、高速で音読すること」です。速音読で、「英語の文法体系を脳のネットワークに組み込み、英語回路をつくること」ができるのです。もちろん英語を処理するスピードも向上します。

ただ音読するだけで英語回路ができるのか？ と思われる方もいるかもしれませんが、単なる音読ではありません。大切なことは、「意味のわかった英文を使うこと」と「高速で音読すること」です。

「意味のわかった英文」とは、日本語と同じレベルで「イメージがわくようになった英文」ということです。そのために、日本語訳を活用します。日本語訳を音読して、十分に脳にイメージをわか

せてから、同じ意味の英文を音読するのです。

　「高速で音読する」とは、ネイティブが普通に音読するスピードを最低ラインの目標として、それ以上のスピードで音読するということです。ネイティブと同じかそれ以上のスピードで音読できれば、ネイティブの話す英語を楽に聴ける（処理できる）ようになるのです。

やさしい英文から、ステップアップ

　英語回路を育成するには、「やさしい英文の音読から始めること」が大事です。難しい英文を音読しても、脳は活性化します。しかし、難しい英文は、速く音読するのが困難です。これでは、英語回路の育成に必要なスピードが不足してしまいます。

　ですから、英語回路の育成のためには、やさしい英文を速く音読することから始めるのが最善です。音読のスピードが上がってきたら、だんだんと英文の難易度を上げていけば良いのです。

　本書の英文と CD の音声スピードは、次のとおりです。

英文　高校2年生〜高校3年生レベルの英文
　　　（語彙数 2,000 〜 3,000語）

音声

❶ ネイティブ・スピーカーが普通に音読する
　スピード（170 〜 180語／分）。本書では
　これを Fast と呼びます。

❷ ネイティブ・スピーカーが慎重に音読する
　スピード（120 〜 130語／分）。本書では
　これを Slow と呼びます。

　本書の英文は、アメリカで発行された単行本
The Best of Bits & Pieces から、厳選したものです。この単行本は、感動する話、元気づけられる話を収め、世界100カ国以上に読者を持つポケットサイズの雑誌 *Bits & Pieces* から、特に人気の高いストーリーを集めたものです。

　ネイティブスピーカー向けの雑誌に掲載の英文ですので、語彙レベルは少し難しめですが、比較的やさしい文体で書かれています。そして、何よ

りも興味のわく内容ですから、トレーニングには
最適です。

　ただし、日本語訳を参照しても、英文の理解が
難しいと感じた際は、まず本シリーズの1〜4作
からトレーニングをスタートすることをおすすめ
します。

　本書に付属の音声 CD は、同じ英文を、❶170
〜180語／分、❷120〜130語／分の2段階で
収録してあります。❶は、ニュースキャスターの
ように、情報を正確に伝えることに留意しつつ、
普通に音読しているスピードです。❷は、ネイティ
ブ・スピーカーが十分に感情を込めて、少し慎重
に音読しているスピードです。
　ちなみに、ネイティブ・スピーカーは、完全に
意味を理解しながら、200語／分に近いスピード
で音読することができます。これが、本書を使っ
た速音読の最終目標スピードです。このスピード
に近づく過程で、英語回路が育成されます。

英語回路をつくるシンプルな方法

本書では、次の要領でトレーニングします。

1. まずは、120 ～ 130語／分で、しっかりと
   意味を理解しながら、気持ちを込めて正確に
   音読できるようになる

2. 次のステップで、意味を理解しつつ、ネイティ
   ブ・スピーカーの最速（200語／分）を目標
   の目安として、自身の音読スピードを上げて
   いく

この方法によって、「英語回路」が育成されます。

　本書は、音読スピードが記録できるようになっ
ています。記録をつけることで、自身の最高スピー
ドが更新されていくのを確認してください。
　なお、ネイティブ・スピーカーの最高速を目安
にすることは大事ですが、ネイティブ・スピーカー
はライバルではありません。
　ライバルは、あくまでも自分自身です。本書で
速音読を始める前の自分、昨日トレーニングした

ときの自分、1回前に音読したときの自分。過去
の自分より、少しでも速く音読できることが、ま
た一歩、成長できた証なのです。

「速音読」で、誰でもできる
「英語回路」。たのしく、どんどん
英語脳をつくろう！

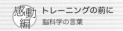
脳科学の言葉

脳を鍛えて
「英語回路」をつくる

東北大学加齢医学研究所教授
川島　隆太

脳が鍛えられ「英語回路」ができて一石二鳥

コミュニケーション能力を高めたい。
創造力を高めたい。
記憶力を良くしたい。
自制心を高めたい。

　人の名前をきちんと覚えて、楽しい会話ができ、いいアイデアを出せ、器が大きい人になりたい。もちろん私もですが、皆さんもそう願っているのではないでしょうか。

これらの活動のカギを握っているのは、脳の前頭前野という部位である、ということが、私たちが行っている脳機能イメージングという研究からわかってきました。

　前頭前野は、ヒトの脳の最大の特徴ともいうべき部位です。ヒトに次ぐ高度な脳を持つ類人猿のチンパンジーやボノボでさえ、大脳に占める前頭前野の大きさの比率はヒトに遠く及びません（ヒト：30％〜、チンパンジー・ボノボ：7 〜 10％）し、その他の動物には問題にならないほどわずかしかありません。ヒトをヒトたらしめている最も重要な部位ともいうべきなのが前頭前野であり、「創造力」や「コミュニケーション力」といった高次の脳活動を担っているわけです。

　私たちはその前頭前野を鍛える方法を見つけました。効果のある代表的な方法は、「音読」と「単純計算」です。黙読より「音読」が、難解な数学の問題を解くより「単純計算」のほうが、前頭前野をおおいに活性化させることがわかったのです。

　そして、最近の研究で、もっと脳を鍛えることができるトレーニングがあるとわかってきました。それは英文音読です。

　この英文音読には、英語を使うための「英語回路」をつくることができるという「特典」までついてきます。

　⑴　脳力が鍛えられる
　⑵　「英語回路」ができる

　「英語回路」については後で詳しく説明しますが、英文音読にはまさに「脳」と「英語」に対して、一石二鳥の効果があるのです。
　英文音読は脳の活性化に効果があるだけではなく、英語教育の専門家から見ても、英語習得の一番の方法でもあります。
　「英語回路」について「特典」という言い方をしてしまいましたが、英語の側から見ると、英文の音読には脳を鍛えるという「特典」もつくのか、となるわけです。望外の一石二鳥ですね。
　本書のトレーニングを実践して、「脳」と「英語」についての効果を実感してください。
　また、「トレーニングの記録」を忘れずにつけてください。記録をつけなくても、脳が鍛えられ、「英語回路」ができていく感覚は体感できると思いま

すが、はっきり効果を実感するには、やはり、客観視できる記録をつけるのが一番です。自分の進歩の足跡を眺めることが、トレーニングを続けるモチベーションになりますし、ときどきムクムクとわき起こってくる「今日くらいはサボってもいいかな」という怠け心を退ける特効薬にもなるからです。１日５分でもいいですから、毎日続けることが、効果的な脳トレーニングの秘訣です。

脳にも筋トレがぜったい必要です

脳の鍛え方はスポーツと同じです。

野球でも、テニスでも、サッカーでも、水泳でも、秘密の「必勝法」を授かったとしても、その必勝の技術を実践するだけの動きができなければ意味がありません。いくら頭の中で華麗なフリーキックを決めたとしても、実際そのとおりにサッカーボールをけることができなければ、何にもならないのです。

イメージどおりに体を動かすために不可欠なのが、体力づくり、筋力づくりです。優れた技も、基礎体力がなければ成り立ちません。私は学生時

代、ラクビー部に所属していたバリバリの体育会系でしたが、息切れしていては、いいステップは踏めないし、相手にタックルする気力も半減してしまうものです。

　脳についても、同じことがいえます。「創造力」「コミュニケーション力」「高い記憶力」などの応用能力を十分に発揮するためには、体力・筋力トレーニングが必須です。それが、本書のような脳を鍛えるトレーニングなのです。

　基礎となる土台が大きく、堅固であればあるほど、より高次な知性を、より高いレベルまで積み上げていくことができるのです。

基本がしっかりできているから、応用ができる。

　このことは、スポーツでも、仕事でも、語学でも、脳についてでも、どの世界にも共通のことでしょう。

なぜ英語の速音読が脳に効くのか？

　「英文の音読で、もっと脳を鍛えることができる」と書きました。簡単に説明すると、下記のようになります。

　1　母国語を音読すると、脳が活性化する
　2　音読のスピードを速くすればするほど、脳が活性化する
　3　母国語とは違った文法体系の文章を音読すると、さらに脳が活性化する
　4　つまり、英語を速く音読すると、さらに脳が活性化する

　ということがわかっているのです。抽象的で納得しづらいと思いますので、ちょっとかみ砕いてみましょう。

1・2 ➡ 脳の中の状態を調べるために、機能的MRIや光トポグラフィーなど、脳機能イメージング装置を組み合わせて、さまざまな実験をしました。すると、難しい問題をじっくり解いたり、考えごとをしたりし

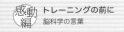
ているときよりも、文章を音読している
ときに、脳がおおいに活性化することが
わかりました。

　また、音読のスピードが速ければ速い
ほど活発に働くこともわかりました。

3・4 ➡ 日本人が英語を音読すると、日本語を音
　　　読するよりも、より脳が活性化します。
　　　それは、英語が日本語とは違う文法体系
　　　にあるからではないか、ということが推
　　　測されます。以下がその理由です。

　日本人の英語学習者が英語を読むと、日本語を
読んだときよりも、左の前頭前野のブローカ野が
より活性化します。ブローカ野とは、脳の中で文
章をつくったり、言葉を発したりするときに働く、
言葉に深くかかわりのある脳の部位です。

　次に、韓国人で英語を第一外国語、日本語を第
二外国語として学習している人たちに協力しても
らって実験したところ、英語を読んだときには、
日本人の英語学習者が英語を読んだときと同じよ

うに、より脳が活性化しました。ところが、日本語を読んだ場合には、活性の度合いが韓国語を読んだ場合とあまり変わらなかったのです。

　どうしてさほど活性化しなかったのでしょうか。私たちは日本語と韓国語の文法がとても似ていることに注目しました。極端にいえば、日本語と韓国語では受動態があるかないかの違いぐらいしかありませんので、単語さえ理解してしまえば、お互いに非常に学びやすい言語だといえます。第二外国語とはいえ、日本語を学習している被験者でしたから、このような結果が出たのかもしれません。反対に英語の文法体系は、日本語や韓国語とはまったく違います。

　このことから、私たちは、左の前頭前野のブローカ野は、そのような文法の理解と関係があるのではないか、という推測をしました。

　そこで、実際に日本人の被験者を対象に、日本語文法の正誤を聴き分けさせる実験をしたところ、左のブローカ野がおおいに活性化したのです。現在使っている日本語とはまったく文法が異なる古文を読んでいるときにも同じ結果が得られました。

　結論として、外国語に限らず、素直に理解でき

ない言語を扱うときには、左のブローカ野の機能をおおいに使っていることがわかってきたのです。

つまり、私たちが普段使っている言葉とは違う文法の文章を音読すると、もっと脳を活性化させられるということです。

「英語回路」とは？

「英語回路」とは、日本人の英語学習者が後天的に獲得する、英語を使うときに働く脳の機能を指しています。

生まれてからすぐ海外に住み、家庭では日本語、外では英語というように、二つの言語を自然と使ってきた、いわゆるバイリンガルの人たちは、日本語も英語も同じようにペラペラと話すことができます。こういう人たちは、日本語も英語もほぼ同じ脳の場所を使っています。ところが、同じように英語がペラペラでも、中学生や高校生になってから一生懸命勉強した人たちは、日本語と英語とで、脳の少し違う場所を使っているのです。

その少し違う場所にできるのが「英語回路」なのです。

一度、脳の中に「英語回路」のネットワークさえ
つくってしまえば、英語学習は効果的に進みます。

どうやって「英語回路」をつくるのか?

　「英語回路」をつくるのには音読が最適だと考え
られます。

　語学習得の側から見た音読の有効性については
鹿野先生にお任せするとして、下記では、脳科学
の分野でわかってきていることをご紹介します。

1　「英語回路」には、先ほどの文法についての
　　実験例で出てきた左のブローカ野も含まれ
　　ています。「英語の音読」によって、英語の
　　文法を扱う脳機能──つまり「英語回路」を
　　ダイレクトに活性化させているという推測
　　ができます。「英語回路」の構築とは、英語
　　の文法体系を脳のネットワークに組み込む
　　ことではないかとも考えられるのです。

2　音読は、テキストを読むことで「目」を、声
　　に出すことで「口」を、自分が音読した声を
　　聴くことで「耳」を使っています。脳の記憶

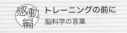
のメカニズムからも、より多くの感覚を使ったほうが、記憶効率が良くなることがわかっています。

3　音読は脳のウォーミングアップになり、学習能力が高まります。前頭前野を全体的に活性化させる音読には、抜群の脳ウォーミングアップ効果があり、脳の学習能力、記憶力を高めるという、実証済みのデータがあります。

　本書のトレーニングは、「英語回路」を育てるトレーニングです。また、その後に行う英語学習の効率を最大限に高める効果もあります。

より効果を高めるトレーニング方法は？

●なるべく速く読むこと

　脳を鍛えるには、なるべく速く英文を音読することが効果的です。速く読めば読むほど、脳はより活性化してくれるからです。

　また、幸いなことに、英語学習の側から見ても、なるべく速い音読のほうが効果が高いといわれて

います。

●覚えたら次に進む

　ただ、一つ押さえておかなくてはならないことは、速く音読するために、何度も繰り返し読み、覚えることを通り越して暗記するまでになってしまったら、脳の活性化の効果は失われてしまうということです。ですから、脳と英語のトレーニングに最適なのは、覚えたら次に進む、ということだと思います。簡単なものでもよいから、自分が興味を持てる新しい素材を使うことが大切でしょう。

●仕上げに「書き取り」にチャレンジしてみる

　脳を効果的に鍛える観点からも、CD の音を聴いて書く「書き取り」は大変有効です。

　言語には、「音声言語」と「書字言語」の2種類の言葉があり、それぞれ脳の違う場所と機能を使って処理されています。音読では、まず、目、耳、口を使って、「書字言語」→「音声言語」というプロセスをフルにトレーニングします。次に、耳（聴覚）と手（触覚）を使って、「音声言語」→「書字言語」のプロセスをトレーニングします。両者をこ

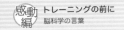
なすことによって、言語に関するプロセスをすべ
て活用した、総合学習が完成するのです。

　脳は何歳からでも鍛えることができます。
　本書のトレーニングは、脳を鍛えるためにも英
語習得のためにも大変効果的なものですから、自
信を持って続けてください。必ず成果を実感でき
るはずです。

※上記は『川島隆太教授のいちばん脳を鍛える「英
　語速音読」ドリル』(小社刊) 掲載の文章を改訂し
　たものです。

「英語回路」育成計画

- ■ 「英語回路」育成トレーニング
- ■ 「英語回路」育成計画表
- ■ 感動編　No.1〜15

「英語回路」育成トレーニング

基本編 〈リスニング力を強化する〉

　以下の手順で、トレーニングを行いましょう。速音読による英語回路の育成が、リスニング力の向上につながることが実感できるはずです。

> Step 1 ― CD【Fast】を聴く
>
> Step 2 ― 日本語訳の音読
>
> Step 3 ― CD【Slow】を聴き、英文の音読
>
> 　　　　　　　➡ 3回繰り返す
>
> Step 4 ― 英文の速音読 1・2・3［時間を記録］
>
> Step 5 ― CD【Fast】を聴く［成果の確認］

　トレーニング時間の目安は、1ラウンド、10分程度です。秒数が測れる時計（できればストップウォッチ）を用意してください。

Step 1 ― CD【Fast】を聴く

　Fast（170 ～ 180語／分）の CD を聴き、どの
程度内容を理解できるか確認しましょう。理解度
を１～５段階評価して、各ラウンドの記録表に記
入します。
　　●評価の目安
　　　１：まったくわからない
　　　２：ところどころわかる
　　　３：半分くらいわかる
　　　４：ほぼわかる
　　　５：完全にわかる

Step 2 ― 日本語訳の音読

　日本語訳を、内容を理解しながら、音読しましょ
う。英語を英語のまま理解できるように、英文の
語順に合わせた訳をつけています。

Step 3 ── CD【Slow】を聴き、英文の音読
➡ 3回繰り返す

　Slow（120〜130語／分）の CD をかけ、英文を目で追って、単語の発音を確認しましょう。その後で、英文を音読します。ここでは、Slow の音声スピードと同じくらいの速さとリズムを意識して音読してください。この作業（CD を聴き、音読する）を3回繰り返します。

Step 4 ── 英文の速音読 1・2・3［時間を記録］

　秒数を測りながら、英文を速音読します。3回繰り返して、それぞれの時間を1〜3回目の欄に記入します。1回目より、2回目。2回目より、3回目と、最高記録更新を目指して、音読スピードを上げていきましょう。

　Fast（170 〜 180語／分）の CD を聴き、どの
程度内容を理解できるか確認しましょう。再度、
理解度を1 〜 5段階評価して、記録表に記入しま
す。英語がゆっくり、はっきり聞こえるはずです。

●記録の記入例

目標タイム

17.7 秒

Fastを聴く （1回目）	速音読 1	速音読 2	速音読 3	Fastを聴く （成果の確認）
1・2・③・4・5	26・1 秒	22・7 秒	20・1 秒	1・2・3・4・⑤

聴く・読む・話す・書く！
「英語回路」育成には、
五感をフルに使うことが一番 !!

応用編〈読む、話す、書く力を強化する〉

　基本編のトレーニング（Step 1 ～ 5）で、リスニング力を強化することができます。この Step 1 ～ 5 のトレーニングの後に、Step 6 として、以下のトレーニングを加えることで、リーディング力・スピーキング力・ライティング力を高めることができます。

Step 6-A ── 英文の黙読〈リーディング力アップ〉

　英文を声に出さずに、なるべく速く黙読します。
　目を、英文の途中で止めたり、戻ったりさせずに、左から右に流れるよう動かしながら、英文の内容を理解しましょう。速音読による、リーディング力アップを実感できるはずです。

Step 6-B ── シャドウイング〈スピーキング力アップ〉

　シャドウイングとは、テキストを見ずに、聞こえてきた英語をわずかに遅れながら話していくト

レーニングです。影（shadow）のようについていくことから、シャドウイングと呼ばれています。

　Slow（120 ～ 130語／分）の CD をかけ、シャドウイングに挑戦してみましょう。意味を理解しながら、CD に遅れずに話すことが目標です。この方法で、スピーキング力を高めることができます。

Step 6-C ── 英文の速写〈ライティング力アップ〉

　テキストを見て、英文を意味の区切りまで音読し、次に、今後はテキストを見ずに英文を声に出しながらノートに書きます。意味の区切りとは、カンマ（,）、ピリオド（.）が基本ですが、自分で意味が理解できる範囲でさらに短く区切っても構いません。

　ライティングの基本は、Write as you speak.（話すように書く）です。声に出すことで、身についた英語のリズムを助けとすることができ、それに加えて書くことで、語彙・文法が定着していきます。

「英語回路」育成計画表

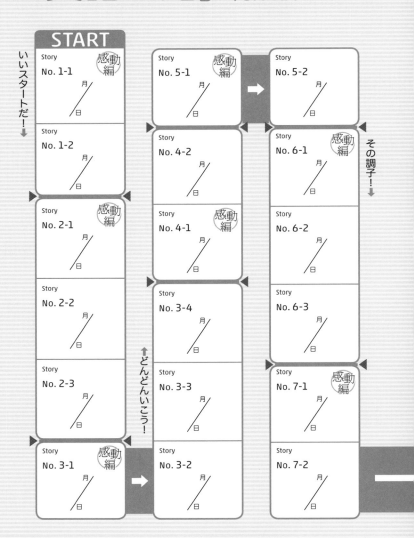

START

いいスタートだ！➡

| Story No. 1-1 感動編 月／日 |
| Story No. 1-2 月／日 |
| Story No. 2-1 感動編 月／日 |
| Story No. 2-2 月／日 |
| Story No. 2-3 月／日 |
| Story No. 3-1 感動編 月／日 |

↑どんどんいこう！

| Story No. 5-1 感動編 月／日 |
| Story No. 4-2 月／日 |
| Story No. 4-1 感動編 月／日 |
| Story No. 3-4 月／日 |
| Story No. 3-3 月／日 |
| Story No. 3-2 月／日 |

| Story No. 5-2 月／日 |
| Story No. 6-1 感動編 月／日 |
| Story No. 6-2 月／日 |
| Story No. 6-3 月／日 |
| Story No. 7-1 感動編 月／日 |
| Story No. 7-2 月／日 |

その調子！➡

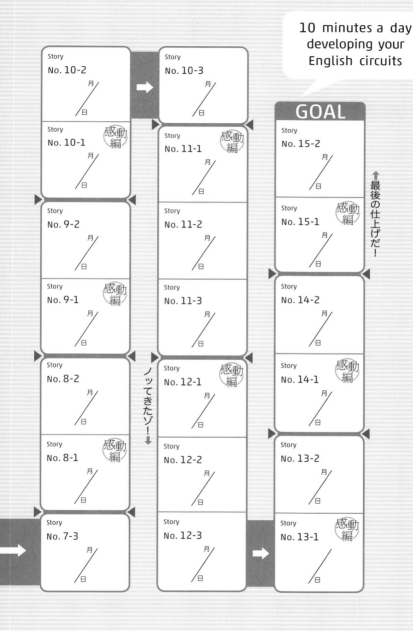

10 minutes a day developing your English circuits

Story No. 10-2　月／日

Story No. 10-3　月／日

Story No. 10-1　感動編　月／日

Story No. 11-1　感動編　月／日

Story No. 9-2　月／日

Story No. 11-2　月／日

Story No. 9-1　感動編　月／日

Story No. 11-3　月／日

Story No. 8-2　月／日

Story No. 12-1　感動編　月／日

Story No. 8-1　感動編　月／日

Story No. 12-2　月／日

Story No. 7-3　月／日

Story No. 12-3　月／日

ノッてきたゾ！

GOAL

Story No. 15-2　月／日

Story No. 15-1　感動編　月／日

Story No. 14-2　月／日

Story No. 14-1　感動編　月／日

Story No. 13-2　月／日

Story No. 13-1　感動編　月／日

最後の仕上げだ！

AMBITION 野心

A friend's grandfather came to America from Europe, and after being processed at Ellis Island, he went into a cafeteria in New York City to get something to eat. He sat down at an empty table and waited for someone to take his order. Of course, nobody did. Finally, a man with a tray full of food sat down opposite him and told him how things worked.

"Start at that end," he said, "and just go along and pick out what you want. At the other end they'll tell you how much you have to pay for it."

98 words

和 訳

　友人の祖父は、ヨーロッパからアメリカにやってきて、エリス島の移民局を通過した後、ニューヨークシティのカフェテリアに行きました、何か食べようと。空いている席に座り、誰かが注文を取りに来るのを待ちましたが、もちろん、誰も来はしません。ようやく、食べ物でトレーを一杯にした男が彼の向かいに座り、どうすればいいのかを教えてくれました。

　「あっちの端から歩いて」と、男は言いました。「進んでいって欲しいものを取るんだ。反対側の端で教えてくれるさ、いくら払わなきゃいけないかを」

目標タイム	Fastを聴く (1回目)	速音読 1	速音読 2	速音読 3	Fastを聴く (成果の確認)
29.4 秒	1・2・3・4・5	秒	秒	秒	1・2・3・4・5

"I soon learned that's how everything works in America," Grandpa told our friend. "Life is a cafeteria here. You can get anything you want as long as you're willing to pay the price. You can even get success. But you'll never get it if you wait for someone to bring it to you. You have to get up and get it yourself."

62 words

和 訳

　「すぐに学んだよ、アメリカではそうやってものごとが進むんだって」と、おじいさんは私たちの友人に言いました。「ここじゃ、人生はカフェテリアなんだ。欲しいものは何でも手に入るんだよ、代価を払うのをいとわなければ。成功だって手に入れられる。でも、手に入りはしないんだ、誰かが自分に持ってきてくれるのを待っていたら。立ち上がって、自分で取ってこないといけないんだよ」

目標タイム 18.6 秒	Fastを聴く (1回目) 1・2・3・4・5	速音読 1 秒	速音読 2 秒	速音読 3 秒	Fastを聴く (成果の確認) 1・2・3・4・5

語句解説

No. 1-1

- □ **be processed**
  process（〜を処理する）の受動態

- □ **Ellis Island**
  エリス島（アメリカへの移住を
  希望する移民の管理局があった
  ニューヨーク湾の島）

- □ **something to eat**
  なにか食べるもの

- □ **empty** 空の

- □ **take one's order**
  （人）の注文を取る

- □ **nobody** 誰も〜しない

- □ **opposite** 反対の

- □ **how things work**
  物事がどのように機能するのか
  （→どうすればいいのか）

- □ **go along** 〜に沿って進む

- □ **pick out** 〜を取る

- □ **what you want**
  自分が欲しいもの

- □ **at the other end**
  反対側の端で

No. 1-2

- □ **grandpa** おじいさん

- □ **as long as** 〜する限りは

- □ **be willing to** + 動詞
  〜するのをいとわない

- □ **bring**+（物）+ **to** +（人）
  （人）に（物）を持ってくる

- □ **get up** 立ち上がる

- □ **yourself** 自分自身で

自己最速を更新しよう！

Break Your Own Records!

● 1セクションごとの最高タイムから、音読のスピードを計算して、
グラフに記入しよう。

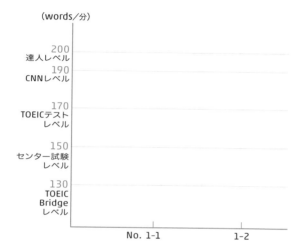

（words／分）

200 達人レベル	
190 CNNレベル	
170 TOEICテスト レベル	
150 センター試験 レベル	
130 TOEIC Bridge レベル	

No. 1-1　　　　1-2

● 下記の　　　　秒に、テキストごとの最高タイムを記入して計算すると、
1分あたりのスピードがわかります。

No. 1-1	5880	÷		秒	=		words／分
1-2	3720	÷		秒	=		words／分

英語学習のイメージが一変
速音読で、460点→630点。

<ruby>杉山<rt>すぎやま</rt></ruby> <ruby>晴美<rt>はるみ</rt></ruby> さん

　私が、TOEIC 対策として、英語の勉強を始めたのは、4年半前のことです。しかし、毎日継続することができず、スコアは、400点台後半からほとんど上がりませんでした。

　そこで、2年ほど前に、「BizCom 東京センター」に通学を始めました。BizCom のことは、書籍や Web で知ってはいましたが、実際に体験してみて、英語学習のイメージが一変しました。まず、授業が面白い。そして、学習をトレーニングとしてとらえている事は、私にはとてもなじみやすいものでした。

　通学前は、複数のテキストに同時にトライして、中途半端に終わっていました。通学後は、スクールで使用のテキストだけに集中することで、「音読」や音読しながら英文を書き写す「音読筆写」といったトレーニングを毎日できるようになりました。残念ながら、1年目は、大きな成果を出すことはできませんでしたが、クラスメートや先生の励ましもあって、継続することができました。

　2年目に入ると、音読・音読筆写が速くなり、学習全体のスピードが上がっていることに気がつきました。ネイティブが読む CD の音声に合わせて音読をしても、声がぴったりと重なることが多くなっています。気がつくと、TOEIC テストの練習問題を解くのも、それほど苦痛でありません。こうした体感の変

化に比例して、TOEICスコアも少しずつ上昇し始め、英語学習に対するやる気も上昇してきました。

　そして、先日のTOEICテストでは、問題が良く聞こえ、文章も良く理解でき、今までとは全く異なる感じがしました。スコアは、過去最高の630点でした。海外の仕事に携われることを目標に、今後も英語トレーニングを継続したいと思います。

<u>速音読していただいた英文</u>

A friend's grandfather came to America from Europe, and after being processed at Ellis Island, he went into a cafeteria in New York City to get something to eat. He sat down at an empty table and waited for someone to take his order. Of course, nobody did. Finally, a man with a tray full of food sat down opposite him and told him how things worked.

"Start at that end," he said, "and just go along and pick out what you want. At the other end they'll tell you how much you have to pay for it."

| 速音読タイム | 1回目 31秒 | 2回目 28秒 | 3回目 26秒 |

APPEARANCE 外見

Abraham Lincoln was well aware of the fact that he was not a handsome man. When told that someone had called him "two-faced," he said, "If I was two-faced, would I be wearing this one?"

The leader of a visiting group once introduced a member of the group as an active and earnest friend of the President and as an artist "who has been good enough to paint and present to our league rooms a most beautiful portrait of yourself."

80 words

和　訳

　エイブラハム・リンカーンは、自分がハンサムではないという事実をよくわかっていました。誰かが彼のことを「二面性がある」と言っていると伝えられたときには、言いました、「もし私にもうひとつの顔があるとしたら、この顔を選ぶかい？」

　あるとき訪問団のリーダーがメンバーの１人を紹介しました。意欲的でまじめな大統領の支持者として、また「親切にも大変見事なあなたの肖像画を描いて、組織の部屋に飾ってくれた」画家として。

目標タイム	Fastを聴く （1回目）	速音読 1	速音読 2	速音読 3	Fastを聴く （成果の確認）
24.0 秒	1・2・3・4・5	秒	秒	秒	1・2・3・4・5

President Lincoln shook the artist's hand and said, "I presume, sir, in painting your beautiful portrait, you took your idea of me from my principles and not from my person."

When both were practicing law, Edwin Stanton referred to Lincoln on at least one occasion as a "gorilla," and other associates were disappointed at his homely appearance when they first met him.

Lincoln found this understandable and he never let such criticism alter his feelings about other people.

As a lawyer, he learned to respect Edwin Stanton's mind, and when he became president, Lincoln did not hesitate to ask Stanton to join his cabinet as Secretary of War.

108 words

和 訳

　リンカーン大統領は、画家と握手して言いました。
「おそらく見事な肖像画を描かれるにあたって、私の
理念から着想を得られたのですね、私の容姿からでは
なく」

　2人がともに弁護士をしていた頃、エドウィン・ス
タントンはリンカーンを少なくとも1回は「ゴリラ」
と呼びました。また、他の仕事仲間たちは、彼の不細
工な容貌にがっかりしました、初めて彼に会ったとき。

　リンカーンは、これをもっともなことと考え、そう
いった批判のために人に対する気持ちが変わることが
ないようにしました。弁護士として、彼はエドウィン・
スタントンの精神を尊敬するようになり、大統領に
なったとき、リンカーンはためらいなく、スタントン
に依頼しました、陸軍長官として入閣してくれるよう。

目標タイム	Fastを聴く (1回目)	速音読 1	速音読 2	速音読 3	Fastを聴く (成果の確認)
32.4 秒	1・2・3・4・5	秒	秒	秒	1・2・3・4・5

Stanton and everyone else who came to know him well soon forgot about Lincoln's looks and became aware of his inner beauty. When Lincoln was shot, Stanton looked down on the rugged face of the President and said through tears, "There lies the greatest ruler of men the world has ever seen." Lincoln's forbearance, patience, and love conquered in the end.

61 words

和 訳

　スタントンや、彼をよく知るようになった人は誰し
もすぐに、リンカーンの外見のことを忘れ、その内面
のすばらしさに気がつくようになりました。リンカー
ンが撃たれたとき、スタントンは大統領のいかつい顔
を見下ろし、涙にくれながら言いました。「世界にか
つてない、人類の最も偉大な指導者がここに眠る」リ
ンカーンの寛大さと忍耐と愛が、最後に勝利を収めた
のです。

目標タイム	Fastを聴く (1回目)	速音読 1	速音読 2	速音読 3	Fastを聴く (成果の確認)
18.3 秒	1・2・3・4・5	秒	秒	秒	1・2・3・4・5

```
語句解説
```

No. 2-1

☐ be aware of　～に気づいている

☐ when told
when (he was) told の略「彼が
伝えられたとき」

☐ two-faced　二面性を有する

☐ wear　～を身につけている

☐ introduce　～を紹介する

☐ active　活発な

☐ earnest　真面目な

☐ friend　支持者

☐ artist　画家

☐ league room　組織の部屋

☐ portrait　肖像画

No. 2-2

☐ shook one's hand　shake
one's hand (握手する) の過去形

☐ presume　～と推測する

☐ principle　理念

☐ person　容姿

☐ practice law
弁護士をしている

☐ refer to A as B　AをBと呼ぶ

☐ on at least one occasion
少なくとも一度

☐ associate　仲間

☐ be disappointed at
～に失望する

☐ homely appearance
不細工な容貌

☐ criticism　批判

☐ alter　～を変える

☐ learn to + 動詞
～できるようになる

☐ respect　～を尊敬する

☐ not hesitate to + 動詞
ちゅうちょせずに～する

☐ join the cabinet　入閣する

No. 2-3

☐ everyone else　他の誰もが

☐ come to know
～を知るようになる

☐ forgot　forget (忘れる) の過去形

☐ inner　内面の

☐ be shot　撃たれる

☐ look down on　～を見下ろす

☐ rugged face　いかつい顔

☐ through tears　涙にくれて

☐ ruler of men　人類の指導者

☐ forbearance　寛大さ

☐ patience　忍耐

☐ conquer　勝利する

自己最速を更新しよう！

Break Your Own Records!

● 1セクションごとの最高タイムから、音読のスピードを計算して、
　グラフに記入しよう。

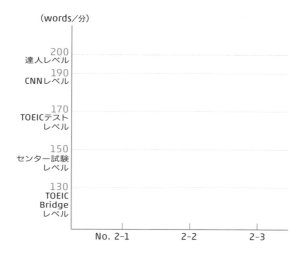

（words／分）

200
達人レベル
190
CNNレベル

170
TOEICテスト
レベル

150
センター試験
レベル

130
TOEIC
Bridge
レベル

No. 2-1　　　　2-2　　　　2-3

● 下記の　　　　秒に、テキストごとの最高タイムを記入して計算すると、
　1分あたりのスピードがわかります。

No. 2-1	4800	÷	秒	=	words／分
2-2	6480	÷	秒	=	words／分
2-3	3660	÷	秒	=	words／分

CHEERFULNESS 陽気さ

The next time you're feeling sorry for yourself, do something nice for somebody. It will make you feel better.

The late Robert Updegraff, a prominent business consultant, tells a story about it in a book called *Try Giving Yourself Away* (Prentice Hall), which he wrote many years ago under the pen name of David Dunn.

"I remember sitting at breakfast one morning at a lunch counter near the South Station in Boston. Having arrived on the sleeper train from New York, and having been routed out of my berth before seven o'clock after a poor night's sleep, I was feeling very sorry for myself.

104 words

和　訳

　今度自分を哀れに思う前に、誰かのためにいいこと
をしてあげなさい。それで気分がよくなるでしょう。

　著名なビジネスコンサルタントだった故ロバート・
アップデグラフは、それについて話しています。『ト
ライ・ギビング・ユアセルフ・アウェイ』（プレンティ
ス・ホール社刊）という、何年も前にディビット・ダ
ンというペンネームで書いた本の中で。

　「座って朝食を食べたのをおぼえている、ある朝、
ボストンのサウス・ステーション近くの軽食堂で。
ニューヨークからの夜行列車で着いて、寝台車のベッ
ドから7時前にたたき起こされた。夜ろくに眠れな
かった後で、とても哀れな気分だった」

目標タイム 31.2 秒	Fastを聴く (1回目) 1・2・3・4・5	速音読 1 秒	速音読 2 秒	速音読 3 秒	Fastを聴く (成果の確認) 1・2・3・4・5

"'What you have to accomplish in Boston today is too important to risk failure just because you feel grumpy,' I told myself sternly. 'You better start giving away... But how can you give away sitting on a stool in a row of other grumpy night travelers before seven o'clock in the morning?' I said to myself.

"Then I looked at the salt and pepper. I recalled reading of some woman who said she was sure her husband loved her dearly—but he *never* thought to pass her the salt and pepper. I had noticed ever since how seldom anyone takes the trouble to pass them.

105 words

和 訳

　「『おまえが今日ボストンで成し遂げなければならないことは、とても大事なことで、失敗できないんだ、気分が悪いくらいで』と、私は自分自身に厳しく言いきかせた。『人に幸せをあげることから始めないと……。でも、どうしたら人に幸せをあげることができるんだ？　夜行でぐったりしている旅行者たちと並んで椅子に座っている状況で、朝の7時前に』私は、独り言を言った」

　「それから私は、塩とコショウを見て、ある女性の話を読んだことを思い出した。彼女は、言っていた。夫が自分を心から愛してくれていると確信していたが、その夫は一度も塩やコショウを妻に回そうと思ったことがなかった。私はそれ以来、気づいていた。塩やコショウをわざわざ人に回そうとする人がいかに少ないかということに」

目標タイム	Fastを聴く (1回目)	速音読 1	速音読 2	速音読 3	Fastを聴く (成果の確認)
31.5秒	1・2・3・4・5	秒	秒	秒	1・2・3・4・5

"I glanced up and down the counter. The only salt and pepper shakers in sight were directly in front of *me*. I had already seasoned my fried eggs, with no thought of my fellow diners. Now, picking up the shakers, I offered them to the man on my right.

"'Perhaps you—and some of the other people down the line—can use these,' I said.

"He thanked me, seasoned his eggs, and passed the shakers on. Every person at the counter used them.

83 words

和　訳

　「カウンターを左右に見渡した。近くにある塩とコショウの容器は、ちょうど私の前にあるものだけだった。私は、すでに自分の目玉焼きに塩コショウをふっていた、他の食事客のことは考えずに。そこで、容器を取り上げ、それを右隣の男性に勧めた」

　「『たぶん、あなたと——ここに並んでいる人たちの何人かが——これらを使うんじゃないでしょうか』と、私は言った」

　「彼は私に感謝して、卵に塩コショウをふると、容器を回した。カウンターにいた人たちは、みなそれらを使った」

目標タイム	Fastを聴く (1回目)	速音読 1	速音読 2	速音読 3	Fastを聴く (成果の確認)
24.9 秒	1・2・3・4・5	秒	秒	秒	1・2・3・4・5

"That broke the ice. I got into a conversation with my neighbor, and the man next to him joined in. Before I knew it, every one at the counter was talking, and presently we were all laughing and joking, eating breakfasts seasoned with salt, pepper, and good humor. And I had supplied the seasoning.

"By the time I had finished my breakfast, I was feeling positively cheerful. My mission in Boston that day worked out better than I thought possible."

80 words

和　訳

　「それで緊張がほぐれた。私は隣の人と話を始め、そのまた隣の男が話に加わった。気がつくと、カウンターにいる人はみな話をしていて、やがてみんな笑いながら冗談を言うようになっていた。塩とコショウと楽しいユーモアで味付けされた朝食を取りながら。そして私がその味付けを提供したのだった」

　「朝食を終える頃には、私はまるっきり陽気になっていた。その日のボストンでの仕事は、思っていたよりもうまくいった」

目標タイム	Fastを聴く （1回目）	速音読 1	速音読 2	速音読 3	Fastを聴く （成果の確認）
24.0 秒	1・2・3・4・5	秒	秒	秒	1・2・3・4・5

語句解説

No. 3-1

- □ the next time
  今度〜するときには

- □ feel sorry for oneself
  自分を哀れむ

- □ make you feel better
  気分をよくする

- □ late　故

- □ prominent　著名な

- □ give oneself away
  内心をさらけだす

- □ remember + 動詞ing
  〜したことを覚えている

- □ at breakfast　朝食中に

- □ lunch counter　軽食堂

- □ sleeper train　夜行列車

- □ rout out　〜をたたき起こす

- □ berth　（列車の）寝台

No. 3-2

- □ accomplish　〜を成し遂げる

- □ risk failure　失敗する

- □ grumpy　気分が悪い

- □ sternly　厳しく

- □ better start + 動詞ing
  〜を始めた方がいい

- □ give away
  〜を人に（ただで）与える

- □ stool
  （背もたれ、肘掛けのない）椅子

- □ in a row　一列に並んで

- □ say to myself　独り言をいう

- □ recall + 動詞ing
  〜したことを思い出す

- □ dearly　心から

- □ ever since　それ以来

- □ seldom　めったに〜しない

- □ take the trouble to + 動詞
  わざわざ〜する

No. 3-3

- □ glance up and down
  四方八方を見渡す

- □ shaker
  （塩やコショウの）振り出し容器

- □ in sight　間近に

- □ directly in front of
  ちょうど〜の前に

- □ season
  〜に（塩などで）味をつける

- □ fried egg　目玉焼き

- □ with no thought of
  〜を全く考えずに

- □ fellow diner　同席の食事客
- □ offer　〜を勧める
- □ perhaps　おそらく
- □ down the line
　　この列の端まで
- □ pass on　〜を次へ回す

No. 3-4

- □ break the ice　緊張をほぐす
- □ get into a conversation
　　会話を始める
- □ neighbor　隣人
- □ before I knew it　気がつくと

- □ presently　やがて
- □ supply　〜を提供する
- □ seasoning　味付け
- □ by the time　〜するころには
- □ positively　確実に
- □ cheerful　陽気な
- □ mission　任務
- □ work out　うまくいく
- □ better than I thought
　　possible
　　可能だと考えていたよりもうまく

自己最速を更新しよう！

Break Your Own Records!

● 1セクションごとの最高タイムから、音読のスピードを計算して、
グラフに記入しよう。

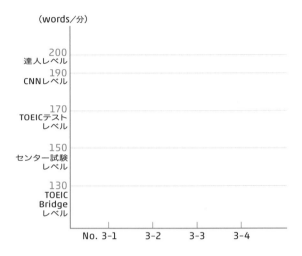

（words／分）

| 200 達人レベル |
| 190 CNNレベル |
| 170 TOEICテストレベル |
| 150 センター試験レベル |
| 130 TOEIC Bridge レベル |

No. 3-1　　3-2　　3-3　　3-4

● 下記の　　　　秒に、テキストごとの最高タイムを記入して計算すると、
1分あたりのスピードがわかります。

No. 3-1	6240	÷	秒	=	words／分
3-2	6300	÷	秒	=	words／分
3-3	4980	÷	秒	=	words／分
3-4	4800	÷	秒	=	words／分

COMMUNICATION コミュニケーション

No. 4-1

Back in the 1920s an executive of the New York Telephone Company stopped in amazement one evening to observe a man in a tuxedo emerging from a manhole at the corner of 42nd Street and Broadway.

The man turned out to be Burch Foraker, head of the Bell Telephone system in New York City. On that cold January night Foraker had come out of a theater and descended into the manhole as though it was part of his job.

Was there a crisis? Was he worried about some serious difficulty in the system? Nothing of the sort.

97 words

和 訳

　1920年代のこと、ニューヨーク電話会社の役員が、ある晩、驚いて立ち止まりました。マンホールからタキシードを着た男が現れたのに気づいたのです、42番街とブロードウェイ通りの角で。

　その男は、ニューヨークシティのベル電話会社の社長バーチ・フォラカーだとわかりました。その寒い1月の夜、フォラカーは劇場から出てきて、マンホールに下りていったのです、それがまるで彼の仕事の一部であるかのように。

　緊急事態でしょうか？ システムに起こった重大な問題を心配していたのでしょうか？ まったくそういうことではありません。

目標タイム	Fastを聴く (1回目)	速音読 1	速音読 2	速音読 3	Fastを聴く (成果の確認)
29.1 秒	1・2・3・4・5	秒	秒	秒	1・2・3・4・5

"I knew there were a couple of my cable splicers working down there, so I just dropped in on 'em to have a little chat," said Foraker.

In time, Foraker became known as the "man of 10,000 friends" due in part to the fact that he made a habit of visiting his men at their work. It was his way of showing that he considered their jobs important.

Good managers and executives show their associates that they respect their ability. They display a genuine interest in what they are doing. They drop in, chat a bit, ask a few questions, and perhaps make a useful suggestion. Try it. It never does any harm and it can do a lot of good.

121 words

和　訳

　「ウチのケーブル接続の作業者が2人ほどそこで働いているのを知っていたから、ちょっと立ち寄って話をしたんだよ」と、フォラカーは言いました。

　やがてフォラカーは、「1万人の友人を持つ男」として知られるようになりました、彼が仕事中の部下を訪ねるのを習慣にしていたということのおかげもあって。それが彼のやり方だったのです、彼がその仕事をいかに重要だと思っているかを示めす。

　有能なマネジャーや役員は仕事仲間に対して、彼らの能力に敬意を払っているところを見せ、彼らがしていることに純粋な興味を示します。立ち寄って、ちょっと話をして、2、3質問をして、ことによると役に立つ提案をします。試してみてください。何かをダメにすることはありませんし、役に立つことがたくさんあるはずです。

目標タイム	Fastを聴く (1回目)	速音読 1	速音読 2	速音読 3	Fastを聴く (成果の確認)
36.3秒	1・2・3・4・5	秒	秒	秒	1・2・3・4・5

語句解説

No. 4-1

☐ **back in** 〜の時に

☐ **executive** 役員

☐ **in amazement** 驚いて

☐ **observe** 〜を観察する

☐ **in a tuxedo**
タキシードを着た

☐ **emerge from** 〜から現れる

☐ **turn out to be**
〜であることがわかる

☐ **descend into**
〜の中に降りていく

☐ **as though**
まるで〜であるかのように

☐ **crisis** 危機

☐ **be worried about**
〜を心配する

☐ **serious difficulty**
深刻な問題

☐ **nothing of the sort**
決してそうではない

No. 4-2

☐ **a couple of** 2つの

☐ **splicer** ケーブル接続の作業者

☐ **drop in (on)**
(人)のところへ立ち寄る

☐ **'em** them の省略

☐ **have a chat** 会話する

☐ **in time** やがて

☐ **become known as**
〜として知られるようになる

☐ **due in part to the fact that**
〜ということのおかげもあって

☐ **make a habit of** + 動詞ing
〜することを習慣としている

☐ **one's men** (人)の部下

☐ **at one's work** 仕事中の

☐ **consider A B** AをBと考える

☐ **ability** 能力

☐ **display interest** 興味を示す

☐ **genuine** 純粋な

☐ **suggestion** 提案

☐ **do harm** 害をなす

☐ **do good** 役にたつ

自己最速を更新しよう！

Break Your Own Records!

● 1セクションごとの最高タイムから、音読のスピードを計算して、
グラフに記入しよう。

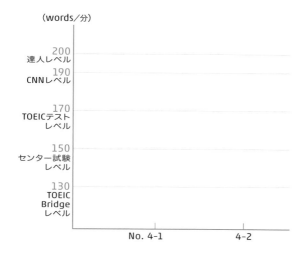

（words／分）

200 達人レベル	
190 CNNレベル	
170 TOEICテスト レベル	
150 センター試験 レベル	
130 TOEIC Bridge レベル	

No. 4-1　　　　4-2

● 下記の　　　　秒に、テキストごとの最高タイムを記入して計算すると、
1分あたりのスピードがわかります。

No. 4-1	5820	÷	秒	=	words／分
4-2	7260	÷	秒	=	words／分

COURAGE　勇気

Heroic decisions are not made by cowards, as this story attests:

A little girl was near death, victim of a disease from which her younger brother had miraculously recovered two years before. Her only chance to live was a blood transfusion from someone who had previously conquered the sickness. The doctor explained the situation to Tommy, the five-year-old brother, and asked if he would be willing to give his blood to his sister, Kathy.

The boy took a deep breath, thought for a moment, then drew himself up and said, "Yes, I'll do it if it will save my sister."

100 words

和 訳

　勇気ある決断は、臆病者にはできません、この話が証明するように。

　幼い少女が死にかけていました、病気の犠牲となって。その病気から、彼女の弟は奇跡的に回復していました、2年前に。彼女が助かる唯一の可能性は輸血でした、以前にその病気を克服した人からの。医者は5歳の弟トミーに状況を説明し、彼が姉のキャシーに血を分けてくれるかどうか聞きました。

　少年は深呼吸をすると、ちょっと考え、それから姿勢を正して言いました。「うん、それをするよ。それでお姉ちゃんが助かるなら」

目標タイム	Fastを聴く (1回目)	速音読 1	速音読 2	速音読 3	Fastを聴く (成果の確認)
30.0秒	1・2・3・4・5	秒	秒	秒	1・2・3・4・5

As the transfusion progressed one could see the vitality returning to the wan figure of the little girl. Tommy smiled when he observed this, but then, with trembling lips he said something startling.

"Will I begin to die right away?" he asked.

The doctor realized immediately what Tommy's hesitation had meant earlier. In giving blood to his sister, he thought he was giving up his life! In one brief moment he had displayed more courage than most of us can muster in a lifetime. He had made an heroic decision!

90 words

和 訳

　輸血が進むにつれ、弱々しい少女の体に生気がよみがえっていくのがわかりました。トミーはそれを見ながら微笑んでいましたが、やがて、唇を震わせながらビックリするようなことを言いました。

　「僕はもうそろそろ死んじゃうの？」トミーは尋ねました。

　医者はすぐに気がつきました、ちょっと前のトミーのためらいが何を意味していたかに。姉に血を与える代わりに、彼は自分が死ぬものだと思っていたのです！　ほんの短い一瞬の間に、彼はもっと多くの勇気を示していたのです、たいていの人が生涯のうちに奮い立たせることができるより。彼は、勇気ある決断をしていたのでした！

目標タイム	Fastを聴く (1回目)	速音読 1	速音読 2	速音読 3	Fastを聴く (成果の確認)
27.0 秒	1・2・3・4・5	秒	秒	秒	1・2・3・4・5

語句解説

No. 5-1

- □ **heroic decision**
  勇気ある決断
- □ **coward**　臆病者
- □ **attest**　〜を証明する
- □ **be near death**
  死にかけている
- □ **victim of**　〜の犠牲者
- □ **disease**　病気
- □ **miraculously**　奇跡的に
- □ **blood transfusion**　輸血
- □ **previously**　以前に
- □ **conquer**　〜を克服する
- □ **explain**　〜を説明する
- □ **situation**　状況
- □ **take a deep breath**
  深呼吸する
- □ **for a moment**　少しの間
- □ **drew oneself up**
  draw oneself up（姿勢を正す）
  の過去形

No. 5-2

- □ **progress**　進む
- □ **vitality**　生気
- □ **wan figure**　病弱な姿
- □ **tremble**　〜を震わせる
- □ **something startling**
  驚くようなこと
- □ **right away**　すぐに
- □ **realize**　〜に気がつく
- □ **immediately**　すぐに
- □ **hesitation**　躊躇
- □ **meant**
  mean（〜を意味する）の過去分詞
- □ **in one brief moment**
  ほんの一瞬で
- □ **display**　〜を表示する
- □ **muster**　〜を奮い起こす
- □ **lifetime**　人生
- □ **make a decision**　決断する

自己最速を更新しよう！

Break Your Own Records!

● 1セクションごとの最高タイムから、音読のスピードを計算して、
グラフに記入しよう。

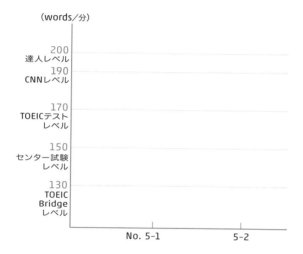

（words／分）

200
達人レベル
190
CNNレベル

170
TOEICテスト
レベル

150
センター試験
レベル

130
TOEIC
Bridge
レベル

No. 5-1   5-2

● 下記の ▢▢▢▢ 秒に、テキストごとの最高タイムを記入して計算すると、
1分あたりのスピードがわかります。

No. 5-1	6000	÷	秒	=	words／分
5-2	5400	÷	秒	=	words／分

FRIENDS 友人

No. 6-1

Douglas E. Lurton, who was a brilliant magazine editor and writer of motivational books decades ago, helped many people succeed in business and in life. He always advised them, among other things, to make as many friends as possible.

Once he even worked out a seven-day plan to win friends. He promised all who would follow it that they would not only have more friends at the end of a week, but that they would have a more pleasant week than they had ever known.

On the first day write a letter—write to an old friend or a new acquaintance. Make it a friendly, chatty, personal letter.

108 words

和　訳

　ダグラス・E・ラートンは、才能あふれる雑誌編集者であり、自己啓発書の書き手でした、何十年か前に。彼は、多くの人がビジネスや人生において成功を収めるのを助けました。彼はいつもアドバイスしたものでした。何よりも、できるだけ多く友人を作りなさいと。

　かつて彼は、７日間で友人を獲得するプランを立てたことさえあります。彼は約束しました、そのプランに従う人全員に。１週間の終わりにより多くの友人を得ているだけでなく、いまだかつてない楽しい１週間を過ごすことができるだろうと。

　１日目は、手紙を書きます、旧友や新しい知り合いに。親しみのこもった、くだけた感じの私信にします。

目標タイム 32.4秒	Fastを聴く (1回目) 1・2・3・4・5	速音読 1 秒	速音読 2 秒	速音読 3 秒	Fastを聴く (成果の確認) 1・2・3・4・5

On the second day smile at every acquaintance you greet on the street or at work. And try to say a few words of praise to at least one person.

On the third day say something kind to every close associate you see.

On the fourth day call up someone you have just met and would like to know better and extend an invitation to lunch.

On the fifth day find someone who is not very popular and pay a lot of attention to him or her.

87 words

和 訳

　２日目は、知り合い１人１人に、微笑みかけます、通りや職場であいさつする。そして、ほめ言葉を一言かけるよう努力します、少なくとも１人には。

　３日目は、何か優しい言葉をかけます、出会った親しい仲間１人１人に。

　４日目は、会ったばかりでもっとよく知り合いたいと思う人に電話をかけ、昼食に招待します。

　５日目は、あまり人気のない人を見つけて、その人によく注意を払います。

目標タイム	Fastを聴く (1回目)	速音読 1	速音読 2	速音読 3	Fastを聴く (成果の確認)
26.1 秒	1・2・3・4・5	秒	秒	秒	1・2・3・4・5

On the sixth day carry on a conversation with a stranger—a waiter, a waitress, a bus driver, a cab driver, or a train conductor. If possible, praise something that person has done.

On the seventh day encourage two people to talk about themselves. Say little about yourself. Get the others to talk.

All this may seem calculating, but something like it is necessary for most of us because we're reserved and that is a hindrance to making friends.

79 words

和 訳

　６日目は、知らない人と話を続けます。ウェイター、ウェイトレス、バスの運転手、タクシーの運転手、電車の車掌などです。できれば、何か彼らのしたことをほめてあげます。

　７日目は、２人の人に、自分自身のことについて話すよう励まします。あなた自身のことはなるべく話さないようにして、他の人にしゃべらせるのです。

　こうしたことは、打算的なように思えるかもしれませんが、こうしたことが、我々のほとんどに必要なのです。我々は内気で、それが友だちを作るための障害なのですから。

目標タイム	Fastを聴く (1回目)	速音読 1	速音読 2	速音読 3	Fastを聴く (成果の確認)
23.7 秒	1・2・3・4・5	秒	秒	秒	1・2・3・4・5

語句解説

No. 6-1

□ **brilliant** 才能あふれる

□ **editor** 編集者

□ **motivational book**
自己啓発書

□ **decades ago** 何十年か前

□ **help** + (人) + 動詞
(人)が〜するのを助ける

□ **succeed in** 〜に成功する

□ **among other things**
何よりも

□ **as many 〜 as possible**
できるだけ多くの〜

□ **work out** 〜を考え出す

□ **win friends** 友だちを作る

□ **not only A but (also) B**
AだけでなくBもまた

□ **pleasant** 楽しい

□ **acquaintance** 知人

□ **chatty** (文章が) くだけた

No. 6-2

□ **greet** 挨拶する

□ **at work** 職場で

□ **try to** + 動詞
〜するように努める

□ **say a few words** 一言話す

□ **praise** 賞賛

□ **at least** 少なくとも

□ **call up** 〜に電話する

□ **would like to** + 動詞
〜したいと思う

□ **extend an invitation to**
〜に招待する

□ **pay attention to**
〜に注意を払う

No. 6-3

□ **carry on** 〜を続ける

□ **conversation** 会話

□ **stranger** 見知らぬ人

□ **train conductor** 電車の車掌

□ **if possible** もし可能ならば

□ **encourage** + (人) + **to** + 動
詞 (人)に〜するよう励ます

□ **get** + (人) + **to** +動詞
(人)に〜させる

□ **may seem** 〜のように思われる

□ **calculating** 打算的な

□ **something like**
〜のようなこと

□ **reserved** 内気な

□ **hindrance** 障害

□ **make friends** 友だちを作る

自己最速を更新しよう！

Break Your Own Records!

● 1セクションごとの最高タイムから、音読のスピードを計算して、
グラフに記入しよう。

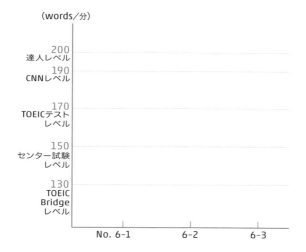

（words／分）

200
達人レベル
190
CNNレベル

170
TOEICテスト
レベル

150
センター試験
レベル

130
TOEIC
Bridge
レベル

No. 6-1   6-2   6-3

● 下記の ▨▨▨ 秒に、テキストごとの最高タイムを記入して計算すると、
1分あたりのスピードがわかります。

No. 6-1	6480	÷		秒 =		words／分
6-2	5220	÷		秒 =		words／分
6-3	4740	÷		秒 =		words／分

夢は叶うものではなく、
叶えるもの。
速音読で、昇格基準を突破！

家喜 裕子 さん
（いえき ゆうこ）

　大学時代、バックパッカーで世界をめぐる1人旅に目覚め、外国人と話す機会も多かった私は、いつのまにか「自分は英語が得意かもしれない」と思うようになっていました。しかし、その当時（9年前）に受験したTOEICテストは、315点。大学受験の知識と、適当に覚えた英語表現をたまに使う程度では、全く通用しないことを痛感した瞬間でした。

　TOEICテストの勉強に本腰を入れたのは、1年半ほど前。勤めている会社が、650点を昇格要件とした時でした。まさに背水の陣で、高額なマンツーマン英会話スクールにも通いましたが、ほとんど効果がありませんでした。しかたなく、独学で問題集を解くものの、スコアが500点前後から伸びなくなり、限界を感じていました。

　そこで出会った学習方法が、速音読などの英語トレーニングでした。トレーニングは、私のリスニング、スピーキングの曖昧さを解消し、リーディングのスピードを高めてくれました。初めてCDを聴く時は、ほとんど聞き取れない内容でも、速音読を繰り返した後にもう一度挑戦すると、驚くほど理解出来るようになるのです。私は、「速音読」の効果を以下のように考えています。

　① 英語の語順で理解できるようになる（最初は戻り読みしたくなりますが）【英語回路】

② 口に出すことで自分の中に<u>正確に</u><u>インプット</u>され、<u>ア</u><u>ウ</u><u>トプット</u><u>につながる</u>（黙読だと曖昧な記憶のままで、いざ使おうとしても言葉が出て来ない）【記憶の定着・活用】

③ 速いスピードに慣れる（TOEIC 本番で重要）
【理解力・運用力アップ】

　先月、690点を獲得することができ、ようやく会社の昇格条件を突破しました。「夢は叶うものではなく、叶えるもの」。この言葉を胸に今後も英語力アップに励みたいと思います。

速音読していただいた英文

Douglas E. Lurion, who was a brilliant magazine editor and writer of motivational books decades ago, helped many people succeed in business and in life. He always advised them, among other things, to make as many friends as possible.

　Once he even worked out a seven-day plan to win friends. He promised all who would follow it that they would not only have more friends at the end of a week, but that they would have a more pleasant week than they had ever known.

　On the first day write a letter—write to an old friend or a new acquaintance. Make it a friendly, chatty, personal letter.

速音読タイム	1回目　36秒	2回目　34秒	3回目　28秒

FRIENDSHIP 友情

One day a sophomore at Amherst College took a pair of shoes to be repaired to a shop run by a man named Jim Lucey. Lucey started a conversation with the shy young man and they became friends. The student stopped in frequently at the shop.

The student went on to become a lawyer and with the help of Jim Lucey he found an office in Northampton, Mass., not far from Lucey's shop. Their friendship grew, and the young lawyer frequently dropped by the shop to talk to Lucey and other men who gathered there. He soon gained the respect of the group, and before long they began urging him to run for political office in Northampton. A few years later, he was elected mayor.

125 words

和　訳

　ある日、アムハースト大学の２年生が、修理が必要
になった靴を持って行きました、ジム・ルーシーとい
う男がやっている店に。ルーシーはその内気な若者と
話を始め、２人は友だちになりました。その学生は、
その店によく立ち寄るようになりました。

　その学生は弁護士になり、ジム・ルーシーの助けを
借りて、マサチューセッツ州のノーザンプトンにオ
フィスを見つけました、ルーシーの店からそう遠くな
いところに。彼らの友情は育まれ、若い弁護士はルー
シーの店によく立ち寄っては、ルーシーやそこに集ま
る人々と話をしました。彼はすぐに、人々の尊敬を得
て、やがて人々は、彼に強く勧め始めました、ノーザ
ンプトンの議員として立候補するように。数年後、彼
は市長に選ばれました。

目標タイム	Fastを聴く （1回目）	速音読 1	速音読 2	速音読 3	Fastを聴く （成果の確認）
37.5 秒	1・2・3・4・5	秒	秒	秒	1・2・3・4・5

That was the first step up the political ladder. Before long, the young man was elected to the state legislature in Boston, and finally, Massachusetts voters made him governor.

In this office, he attracted the attention of national politicians and at the next national convention, the governor's name was put on the ticket for vice president.

His party won the election, but within three years, the President was fatally stricken, and in August of 1923, the former Amherst student was sworn in to the highest office in the land.

89 words

和　訳

　それが、政界の階段を上る第一歩でした。間もなく、若者はボストンの州議員に選ばれ、ついには、マサチューセッツ州の有権者は彼を知事にしました。

　この職にあったとき、彼は国会議員たちの注目を集め、次の党の全国大会で、知事の名前が副大統領候補として指名されました。

　彼の党は選挙に勝ちましたが、３年と経たないうちに、大統領は急死しました。そして1923年の８月、かつてのアムハースト大学の学生は就任しました、国家の最高指導者に。

目標タイム	Fastを聴く (1回目)	速音読 1	速音読 2	速音読 3	Fastを聴く (成果の確認)
26.7 秒	1・2・3・4・5	秒	秒	秒	1・2・3・4・5

Several years later, a mail carrier delivered a letter to Jim Lucey's shoe shop in Northampton. The old shoemaker noticed that the return address on the envelope read, The White House, and his hands trembled as he opened it. There, on White House stationery, were these words:

My dear Mr. Lucey:

Not often do I see you or write to you, but I want you to know that if it were not for you I should not be here. I want to tell you how much I love you. Do not work too much now, and try to enjoy yourself in your well-earned hour of age.

Yours sincerely,
Calvin Coolidge

110 words

和 訳

　数年後、郵便配達が１通の手紙を届けました、ノーザンプトンのジム・ルーシーの靴屋に。年老いた靴職人は気づきました、封筒の差出人住所に「ホワイトハウス」と書いてあることに。ですから、彼の手は震えました、それを開けるのに。すると、ホワイトハウスの便箋に、このように書かれていたのです。

　親愛なるルーシーさんへ

　あまり会いに行ったり手紙を書いたりしないけれど、あなたに知っていてほしいのです。もしあなたがいなかったら、私はここにはいないことを。あなたのことをどんなに思っているかを伝えたいのです。もう働きすぎないように。そして、豊かな老後を十分楽しむようにしてください。

敬具
カルビン・クーリッジ

目標タイム 33.0 秒	Fastを聴く （1回目） 1・2・3・4・5	速音読 1 秒	速音読 2 秒	速音読 3 秒	Fastを聴く （成果の確認） 1・2・3・4・5

語句解説

No. 7-1

- □ sophomore
  （4年制大学の）2年生
- □ a pair of shoes　一足の靴
- □ to be repaired　修理が必要な
- □ run　〜を経営する
- □ stop in　立ち寄る
- □ frequently　頻繁に
- □ go on to + 動詞　次に〜する
- □ Mass.　マサチューセッツ州
  （Massachusetts の略）
- □ not far from
  〜からさほど遠くない
- □ drop by　〜に立ち寄る
- □ gather　集まる
- □ gain　〜を獲得する
- □ before long　まもなく
- □ urge +（人）+ to + 動詞
  （人）に〜するよう強く進める
- □ run for　立候補する
- □ be elected　〜に選ばれる

7-2

- □ political ladder　政界の階段
- □ state legislature　州議会
- □ voter　有権者
- □ governor　知事

- □ office　公職
- □ attract the attention of
  〜の注目を集める
- □ national convention
  全国党大会
- □ be put on the ticket for
  〜の候補に指名される
- □ vice president　副大統領
- □ fatally　致命的に
- □ stricken　（病気に）かかった
- □ be sworn in　宣誓して就任する

7-3

- □ mail carrier　郵便配達人
- □ deliver　〜を配達する
- □ shoemaker　靴職人
- □ notice　〜に気づく
- □ return address　差出人住所
- □ envelope　封筒
- □ read　（文字が）書いてある
- □ tremble　震える
- □ stationery　便箋
- □ if it were not for
  〜がなかったら
- □ well-earned
  （働きに）十分値する
- □ of age　高齢の

自己最速を更新しよう！

Break Your Own Records!

● 1セクションごとの最高タイムから、音読のスピードを計算して、
グラフに記入しよう。

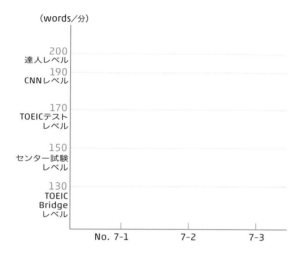

（words／分）

200
達人レベル
190
CNNレベル

170
TOEICテスト
レベル

150
センター試験
レベル

130
TOEIC
Bridge
レベル

No. 7-1   7-2   7-3

● 下記の　　　　秒に、テキストごとの最高タイムを記入して計算すると、
1分あたりのスピードがわかります。

No. 7-1	7500	÷	秒	=	words／分
7-2	5340	÷	秒	=	words／分
7-3	6600	÷	秒	=	words／分

GENEROSITY 寛大さ

Roberto De Vincenzo, the great Argentine golfer, once won a tournament and, after receiving the check and smiling for the cameras, he went to the clubhouse and prepared to leave. Some time later, he walked alone to his car in the parking lot and was approached by a young woman. She congratulated him on his victory and then told him that her child was seriously ill and near death. She did not know how she could pay the doctor's bills and hospital expenses.

De Vincenzo was touched by her story, and he took out a pen and endorsed his winning check for payment to the woman. "Make some good days for the baby," he said as he pressed the check into her hand.

123 words

和　訳

　アルゼンチンの偉大なプロゴルファー、ロベルト・ダ・ヴィンチェンゾは、あるときトーナメントで優勝すると、賞金の小切手を受け取ってカメラに向かって微笑んだあと、クラブハウスへ行って帰る支度をしていました。しばらくして、1人で駐車場の自分の車へ歩いていると、1人の若い女性が近寄ってきました。彼女は、彼の勝利を称えると言いました、自分の子供は重い病気にかかっていて、死にかけていると。彼女はわからないのでした、医者に診せる費用や入院費用を、どうやって払えばいいのか。

　ダ・ヴィンチェンゾは彼女の話に心を打たれ、ペンを取り出すと、賞金の小切手に裏書きしました、彼女あてに払い出しができるよう。「少しでも赤ん坊のためになるといいね」と、彼は言いました。彼女の手に小切手を押し込みながら。

目標タイム	Fastを聴く (1回目)	速音読 1	速音読 2	速音読 3	Fastを聴く (成果の確認)
36.9秒	1・2・3・4・5	秒	秒	秒	1・2・3・4・5

The next week he was having lunch in a country club when a Professional Golf Association official came to his table. "Some of the boys in the parking lot last week told me you met a young woman there after you won that tournament." De Vincenzo nodded. "Well," said the official, "I have news for you. She's a phony. She has no sick baby. She's not even married. She fleeced you, my friend."

"You mean there is no baby who is dying?" said De Vincenzo.

"That's right," said the official.

"That's the best news I've heard all week," De Vincenzo said.

101 words

和　訳

　翌週、彼がカントリー・クラブで昼食を取っている
と、プロゴルフ協会の職員が彼のテーブルにやってき
ました。「先週、駐車場にいた若いやつらが言ってい
た、そこで君が若い女性に会ったと、トーナメントで
勝った後に」ダ・ヴィンチェンゾはうなずきました。
「実は」と、職員はつづけます。「君に知らせがある。
彼女は、詐欺師なんだ。病気の赤ん坊はいない。結婚
してさえいない。君をだましたんだよ」

　「すると、死にかけている赤ん坊はいないのかい？」
と、ダ・ヴィンチェンゾは言いました。

　「その通りだ」と、職員は答えました。

　「そいつは今週聞いたなかで一番いい知らせだ」
と、ダ・ヴィンチェンゾは言ったのです。

目標タイム	Fastを聴く （1回目）	速音読 1	速音読 2	速音読 3	Fastを聴く （成果の確認）
30.3 秒	1・2・3・4・5	秒	秒	秒	1・2・3・4・5

No. 8-1

- ☐ **win a tournament**
  トーナメントで優勝する

- ☐ **prepare to** + 動詞
  〜する準備をする

- ☐ **be approached by**
  〜が近づいてくる

- ☐ **congratulate** （人）を祝う

- ☐ **seriously ill** 大病にかかって

- ☐ **hospital expense** 入院費用

- ☐ **be touched by**
  〜に心を打たれる

- ☐ **endorse**
  （小切手）に裏書きする

- ☐ **payment to** 〜への支払い

- ☐ **make some good days for**
  〜にとっていい日になる

- ☐ **press** + （物） + **into some-one's hand**
  （人）の手に（物）を押し込む

No. 8-2

- ☐ **when** ちょうどその時に

- ☐ **nod** 頷く

- ☐ **phony** 詐欺師

- ☐ **married** 結婚した

- ☐ **fleece**
  （人）から（金品を）だまし取る

- ☐ **mean** 〜を意味する

- ☐ **dying** 死にかけている

- ☐ **all week** 今週中

自己最速を更新しよう！

Break Your Own Records!

● 1セクションごとの最高タイムから、音読のスピードを計算して、
グラフに記入しよう。

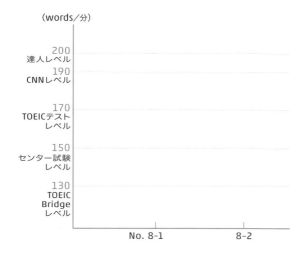

（words／分）

200
達人レベル

190
CNNレベル

170
TOEICテスト
レベル

150
センター試験
レベル

130
TOEIC
Bridge
レベル

No. 8-1   8-2

● 下記の   秒に、テキストごとの最高タイムを記入して計算すると、
1分あたりのスピードがわかります。

No. 8-1	7380	÷		秒 =		words／分
8-2	6060	÷		秒 =		words／分

HAPPINESS 幸福

Robert Louis Stevenson suffered poor health from childhood until he died at age 44. But he never allowed illness to conquer his spirit. He felt that being happy was a duty and he faithfully followed a number of precepts to keep himself as happy as possible. Here they are:

Make up your mind to be happy. Learn to find pleasure in simple things.

Make the best of your circumstances. No one has everything, and everyone has some sorrow mixed in with the gladness of life. The trick is to make the laughter outweigh the tears.

Don't take yourself too seriously. Don't think that somehow you should be protected from misfortunes that befall other people.

Don't let criticism worry you. You can't please everybody.

123 words

> 和 訳

　ロバート・ルイス・スティーブンソン(『宝島』の作者)は病弱でした、子供の頃から44歳で亡くなるまで。しかし、彼は決して許しませんでした、病が彼の精神を打ち負かすことを。彼は、幸福でいることは義務だと考え、数々の教訓に忠実に従ったのです、できるかぎり幸福でいるために。それは、こういうことです。

　心に決めなさい、幸せでいると。喜びを見つけられるようになりなさい、ありふれたことに。

　自分の置かれた環境で最善をつくしなさい。誰もすべてのものを手に入れられないし、誰にも人生の悲喜があるのです。秘訣は、笑いが涙より多くなるようにすることです。

　自分のことを深刻に考え過ぎてはいけません。自分をどうにかして守らなければならないと考えないことです、他の人に降りかかる災いから。

　批判にくよくよしてはいけません。すべての人を喜ばせることはできないのです。

目標タイム 36.9秒	Fastを聴く(1回目) 1・2・3・4・5	速音読 1 　　秒	速音読 2 　　秒	速音読 3 　　秒	Fastを聴く(成果の確認) 1・2・3・4・5

Don't let others set your standards. Be yourself.

Do the things you enjoy doing, but don't go into debt in the process.

Don't borrow trouble. Imaginary things are harder to bear than the actual ones.

Do not cherish enmities. Don't hold grudges. Hatred poisons the soul.

Have many interests. If you can't travel, read about many places.

Don't spend your life brooding over sorrows or mistakes. Don't be one who never gets over things.

Do what you can for those less fortunate than yourself.

Keep busy at something. A very busy person never has time to be unhappy.

98 words

和 訳

　あなたのあり方を人に決めさせてはいけません。自分らしくありなさい。

　することが楽しいことをやりなさい、でも、それで借金をしないことです。

　取り越し苦労をしないことです。想像上のことは耐え難いものです、実際のことよりも。

　敵意を持ったり、恨みを抱いたりしてはいけません。憎しみは、魂に毒を盛ります。

　多くのことに興味を持ちなさい。旅行できないのなら、さまざまな場所についての本を読みなさい。人生を過ごすのはおやめなさい、悲しいことや間違いをくよくよ考えて。ものごとを乗り越えられない人になってはいけません。

　できることをしなさい、自分より不幸な人のために。

　いつも何かに忙しくしていなさい。とても忙しい人は、決して不幸になる暇などないのです。

目標タイム 29.4秒	Fastを聴く (1回目) 1・2・3・4・5	速音読 1 秒	速音読 2 秒	速音読 3 秒	Fastを聴く (成果の確認) 1・2・3・4・5

語句解説

No. 9-1

- [ ] suffer poor health
  病弱である
- [ ] faithfully　忠実に
- [ ] precept　教訓
- [ ] keep oneself happy
  いつも幸せな状態でいる
- [ ] make up one's mind to be
  〜にでいると心に決める
- [ ] learn to + 動詞
  努力して〜できるようになる
- [ ] make the best of
  〜で最善を尽くす
- [ ] circumstance　環境
- [ ] sorrow mixed in with
  gladness　悲喜
- [ ] trick　秘訣
- [ ] outweigh
  〜に（重要度や価値が）勝る
- [ ] take oneself seriously
  自分のことを深刻に考える
- [ ] somehow　どうにかして
- [ ] misfortune　災難
- [ ] befall　〜に降り掛かる
- [ ] criticism　批判

No. 9-2

- [ ] standard　基準
- [ ] go into debt　負債を負う
- [ ] in the process　その過程で
- [ ] borrow trouble
  取り越し苦労をする
- [ ] imaginary　想像上の
- [ ] hard to + 動詞
  〜するのが難しい
- [ ] bear　〜に耐える
- [ ] cherish enmities
  敵意を持つ
- [ ] hold grudges　恨みを抱く
- [ ] hatred　憎悪
- [ ] poison　〜に毒を盛る
- [ ] brood over
  〜についてくよくよ考える
- [ ] get over things
  ものごとを乗り越える
- [ ] fortunate　幸福な

自己最速を更新しよう！

Break Your Own Records!

● 1セクションごとの最高タイムから、音読のスピードを計算して、
グラフに記入しよう。

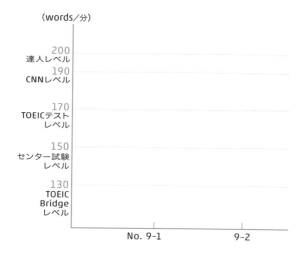

（words／分）

| 200 達人レベル |
| 190 CNNレベル |
| 170 TOEICテストレベル |
| 150 センター試験レベル |
| 130 TOEIC Bridge レベル |

No. 9-1   9-2

● 下記の　　　　秒に、テキストごとの最高タイムを記入して計算すると、
1分あたりのスピードがわかります。

| No. 9-1 | 7380 | ÷ | 秒 | = | words／分 |
| 9-2 | 5880 | ÷ | 秒 | = | words／分 |

HONESTY 正直さ

A small boy at summer camp received a large package of cookies in the mail from his mother. He ate a few, then placed the remainder under his bed. The next day, after lunch, he went to his tent to get a cookie. The box was gone.

That afternoon a camp counselor, who had been told of the theft, saw another boy sitting behind a tree eating the stolen cookies. "That young man," he said to himself, "must be taught not to steal."

83 words

和 訳

　夏のキャンプで、ある少年が大きなクッキーの箱を受け取りました、母親から郵送された。彼は少し食べると、残りをベッドの下に入れておきました。翌日、昼食の後、クッキーを取りにテントに行くと、箱が消えていました。

　その日の午後、盗みがあったと聞いていたキャンプの指導員は、見かけました。別の少年が木の後ろに座って、盗まれたクッキーを食べているのを。「あの男の子は」と、彼は独り言を言いました。「盗みをしちゃいけないってことを教わらないと」

目標タイム	Fastを聴く (1回目)	速音読 1	速音読 2	速音読 3	Fastを聴く (成果の確認)
24.9 秒	1・2・3・4・5	秒	秒	秒	1・2・3・4・5

He returned to the group and sought out the boy whose cookies had been stolen. "Billy," he said, "I know who stole your cookies. Will you help me teach him a lesson?"

"Well, yes—but aren't you going to punish him?" asked the puzzled boy.

"No, that would only make him resent and hate you," the counselor explained. "I want you to call your mother and ask her to send you another box of cookies."

The boy did as the counselor asked and a few days later received another box of cookies in the mail.

95 words

和 訳

　彼は、みんなのところに戻り、クッキーを盗まれた少年を探しました。「ビリー」と、彼は言いました。「誰がクッキーを盗んだか知っているんだ。その子に何をしちゃいけないか教えるのを手伝ってくれないかな？」

　「あのう、いいけど──その子を罰するんじゃないの？」と、当惑した少年が尋ねました。

　「いや、それじゃあ彼は怒って君を憎むだけだ」と、指導員は説明しました。「お母さんに電話して頼んでもらえないかな、クッキーの箱をもう１箱送ってくれるよう」

　少年は指導員に頼まれたとおりにし、数日後に受け取りました、郵送されたもう１箱のクッキーを。

目標タイム	Fastを聴く (1回目)	速音読 1	速音読 2	速音読 3	Fastを聴く (成果の確認)
28.5 秒	1・2・3・4・5	秒	秒	秒	1・2・3・4・5

"Now," said the counselor, "the boy who stole your cookies is down by the lake. Go down there and share your cookies with him."

"But," protested the boy, "he's the thief."

"I know. But try it—see what happens."

Half an hour later the camp counselor saw the two come up the hill, arm in arm. The boy who had stolen the cookies was earnestly trying to get the other to accept his jackknife in payment for the stolen cookies, and the victim was just as earnestly refusing the gift from his new friend, saying that a few old cookies weren't that important anyway.

104 words

和 訳

　「さて」と、指導員は言いました。「クッキーを盗んだ少年は、向こうの湖のそばにいる。そこへ行って、彼にクッキーを分けてあげなさい」

　「でも」と、少年は抗議しました。「彼は泥棒だ」

　「わかってる。でもやってみて ── どうなるか見てごらん」

　半時間後、指導員は２人が丘を上がってくるのを見ました、腕を組んで。クッキーを盗んだ少年は、なんとかして自分のジャックナイフを受け取ってもらおうとしていました、盗んだものの代わりに。被害者の少年は、なんとかしてその新しい友人からの贈り物を断ろうとしていました。何枚かの古いクッキーなんて、そんなにたいしたことじゃないんだよ、と言いながら。

目標タイム	Fastを聴く (1回目)	速音読 1	速音読 2	速音読 3	Fastを聴く (成果の確認)
31.2 秒	1・2・3・4・5	秒	秒	秒	1・2・3・4・5

語句解説

No. 10-1

- □ in the mail　郵送された
- □ a few　少し
- □ remainder　残り
- □ be gone　なくなる
- □ counselor　指導員
- □ theft　盗難
- □ stolen　盗まれた
- □ say to oneself　独り言をいう

No. 10-2

- □ sought
  seek（〜を捜す）の過去形
- □ teach +（人）+ a lesson
  （人）に思い知らせる
- □ punish　〜を罰する
- □ puzzled　当惑した
- □ resent　〜を不快に思う

No. 10-3

- □ down　向こうに、離れた場所に
- □ share A with B
  A を B と分ける
- □ protest　〜に抗議する
- □ happen　起こる
- □ arm in arm　腕を組んで
- □ earnestly　一生懸命に
- □ get +（人）+ to + 動詞
  （人）に〜させる
- □ accept
  （贈り物など）を快く受け取る
- □ in payment for
  〜の代償として
- □ victim　被害者
- □ refuse　〜を断る

自己最速を更新しよう！

Break Your Own Records!

● 1セクションごとの最高タイムから、音読のスピードを計算して、
グラフに記入しよう。

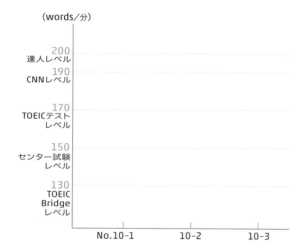

（words／分）

200 達人レベル	
190 CNNレベル	
170 TOEICテスト レベル	
150 センター試験 レベル	
130 TOEIC Bridge レベル	

No.10-1　　　10-2　　　10-3

● 下記の　　　　秒に、テキストごとの最高タイムを記入して計算すると、
1分あたりのスピードがわかります。

No. 10-1	4980	÷	秒	=	words／分
10-2	5700	÷	秒	=	words／分
10-3	6240	÷	秒	=	words／分

速音読と洋書で
マイペースに継続。
次の目標は、860点！

<ruby>黒羽<rt>くろばね</rt></ruby> <ruby>美登里<rt>みどり</rt></ruby> さん

　学生時代から、英語は好きでしたし、いわゆる受験英語は得意でした。しかし、学習を続けても、一向に「使える」レベルにならず、時間だけが過ぎていきました。初めて受けた TOEIC テストでも、厳しい現実に直面しました。英会話学校に行ったりもしましたが、あまり効果を感じることができませんでした。そこで、「BizCom 東京センター」に通学することにしたのです。友人の勧めもありましたが、実際に体験をしてみて、トレーニングという発想に共感したことが理由です。

　しかし、順調にトレーニング開始とはいきませんでした。入校時のオリエンテーションでは、自身の学習プランを作るためのレクチャーがあります。私も計画を作りましたが、なかなか計画通りに行かないのです。そこで、多少の「サボりも OK」という気持ちで、「音読トレーニング」と「洋書リーディング」を中心に、できる範囲から取り組むことにしました。

　音読トレーニングは、朝散歩をしながら、テキストに付属の CD を繰り返し聞きます。もちろん、聞きっぱなしではなく、この後で音読をします。CD で流れる音声に合わせて音読することもしますが、何度も聞いた後なら、余裕を持って音読できます。これは、机に座らなくても気軽にできるので、気に入っています。洋書リーディングは、最初は苦戦しました。それでも、1日10分程度から、通勤時間を使って続けることで、徐々

にストレスなく読めるようになり、これに伴い読むスピードも上がりました。

　こうしたトレーニングを8カ月間続けたことで、635点だったスコアが、745点になりました。スコアの変化もさることながら、英語を英語のまま理解することを実感できるようになりました。日常的にも、耳にひっかかる単語、文章が増えた気がします。しかし、話せる・書けると言えるレベルにはまだまだです。次は860点を目指して、「ぼちぼち」がんばりたいと思います。

<u>速音読していただいた英文</u>

A small boy at summer camp received a large package of cookies in the mail from his mother. He ate a few, then placed the remainder under his bed. The next day, after lunch, he went to his tent to get a cookie. The box was gone.

　That afternoon a camp counselor, who had been told of the theft, saw another boy sitting behind a tree eating the stolen cookies. "That young man," he said to himself, "must be taught not to steal."

速音読タイム	1回目 22秒	2回目 20秒	3回目 20秒

*L*EADERSHIP 1　リーダーシップ1

President Harry S Truman visited Mexico in 1947 despite considerable concern in Washington about anti-American feelings among Mexicans.

While there, he made an unexpected appearance at Chapultepec Castle, the West Point of Mexico. A hundred years earlier, General Winfield Scott's troops had stormed the heights and captured the castle in the war between the United States and Mexico. The only survivors were six cadets who committed suicide rather than surrender.

Years later, Merle Miller asked about the Chapultepec visit while interviewing Truman for his biography, *Plain Speaking* (Berkley).

88 words

和 訳

　ハリー・S・トルーマン大統領はメキシコを訪れました、1947年に。ワシントンでのかなりの懸念にもかかわらず、メキシコ人の反アメリカ感情についての。

　滞在中、彼は意外にも訪れました、士官学校のあるチャポルテペック城を。100年前、ウィンフィールド・スコット将軍の部隊がこの丘を襲い、城を攻略しました、アメリカとメキシコとの戦争で。唯一生き残ったのは、6人の少年士官候補生で、降伏よりも自殺を選びました。

　何年ものののち、マール・ミラーがチャポルテペックへの訪問について尋ねました、トルーマンへのインタビューの際に、彼の伝記『プレイン・スピーキング』（バークレー社刊）執筆のための。

目標タイム	Fastを聴く（1回目）	速音読 1	速音読 2	速音読 3	Fastを聴く（成果の確認）
26.4 秒	1・2・3・4・5	秒	秒	秒	1・2・3・4・5

"When I first suggested it," said the President, "everybody, *everybody* said I couldn't do it. They trotted out all the so-called protocol experts, and they all said no. Those birds, all they know how to say is, 'You can't do this and you can't do that.' And if you ask them why you can't, all it ever adds up to is, 'It's never been done before.' They went on to say that if I did it, it would remind the Mexicans of the war with the United States, and they'd resent that. And some others said that if I paid tribute to those Mexican boys, it was going to alienate the Texans."

112 words

和 訳

　「私が最初にそれを提案したとき」と、大統領は言いました。「全員、全員が、できないと言ったんだよ。いわゆる外交儀礼の専門家を全員ひっぱり出してきて、みんながみんなノーと言ったんだ。そいつらがピーチク、パーチク言ったのは、『これができない、あれができない』っていうことだけ。彼らにどうしてできないのか聞いても、こう答えるだけなんだよ。『前例がありません』。それから彼らは続けて言ったんだ。もし私が実行したら、それがメキシコ人にアメリカとの戦争を思い出させて、彼らはその行為を不快に思うだろうって。さらに、こう言うものもいた。私がメキシコ人の少年士官候補生たちに敬意を表したら、テキサスの人たちを敵に回すことになるだろうと」

目標タイム 33.6秒	Fastを聴く(1回目) 1・2・3・4・5	速音読 1　　秒	速音読 2　　秒	速音読 3　　秒	Fastを聴く(成果の確認) 1・2・3・4・5

There is a monument to Los Niños Heroes at Chapultepec and, despite the misgivings of the protocol people, Truman went there, placed a wreath on it, and bowed his head in tribute. The cadets in the Mexican color guard burst into tears. It was said that in the history of the two countries, nothing has ever been done that was so helpful in cementing their relationship.

66 words

和 訳

　「ロス・ニーニョ・ヒーローズ」の記念碑があります、チャポルテペックには。外交儀礼の専門家たちの懸念にもかかわらず、トルーマンはそこへ行き、記念碑に花輪をかけ、敬意を表して頭を下げました。カラーガードを務めていたメキシコの士官候補生たちは、どっと泣き出しました。２国間の歴史において、両者の関係をこれほど強固なものにしたものはなかったと言われました。

目標タイム	Fastを聴く (1回目)	速音読 1	速音読 2	速音読 3	Fastを聴く (成果の確認)
19.8 秒	1・2・3・4・5	秒	秒	秒	1・2・3・4・5

語句解説

No. 11-1

☐ despite　〜にもかかわらず

☐ considerable　かなりの

☐ concern　懸念

☐ anti-American feelings
　反米感情

☐ make an appearance
　登場する

☐ unexpected　予想外の

☐ West Point　陸軍士官学校

☐ troop　部隊

☐ storm　〜を襲う

☐ heights　丘

☐ capture the castle
　城を攻略する

☐ survivor　生存者

☐ cadet　士官候補生

☐ commit suicide　自殺する

☐ surrender　降伏

☐ biography　伝記

No. 11-2

☐ suggest　〜を提案する

☐ trot out　〜を持ち出す

☐ protocol　外交儀礼

☐ expert　専門家

☐ Those birds, all they
　know how to say
　それらの鳥がどのように話したら
　らいいか知っていること
　(→ 彼らがピーチク、パーチク言っ
　　　たのは〜だけだ)

☐ add up to
　結局〜ということになる

☐ remind A of B
　A に B を思い出させる

☐ resent　〜を不快に思う

☐ pay tribute to
　〜に敬意を表する

☐ alienate　〜を疎遠にする

No. 11-3

☐ monument　記念碑

☐ misgiving　懸念

☐ wreath　花輪

☐ bow one's head　頭を下げる

☐ in tribute　敬意を表して

☐ color guard
　カラーガード、旗手

☐ burst into tears　泣き出す

☐ cement　〜を強固にする

☐ relationship　関係

自己最速を更新しよう！

Break Your Own Records!

● 1セクションごとの最高タイムから、音読のスピードを計算して、
グラフに記入しよう。

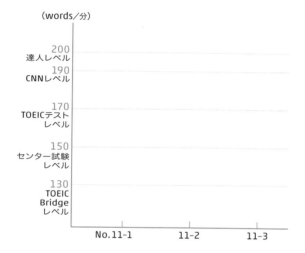

（words／分）

| 200 達人レベル |
| 190 CNNレベル |
| 170 TOEICテスト レベル |
| 150 センター試験 レベル |
| 130 TOEIC Bridge レベル |

No.11-1　　　11-2　　　11-3

● 下記の　　　　秒に、テキストごとの最高タイムを記入して計算すると、
1分あたりのスピードがわかります。

No. 11-1	5280	÷	秒	=	words／分
11-2	6720	÷	秒	=	words／分
11-3	3960	÷	秒	=	words／分

*L*EADERSHIP 2   リーダーシップ2

The day was cold and bleak. George Washington, starting out from his headquarters, drew on his greatcoat, turned up the collar, and pulled his hat down to shield his face from the biting wind. As he walked down the road to where the soldiers were fortifying a camp, no one would have known that the tall, muffled figure was the Commander-in-Chief of the Army.

As he came near the camp he stopped to watch a small company of soldiers, under the command of a corporal, building a breastwork of logs. The men were tugging at a heavy log. The corporal, important and superior, stood at one side giving orders.

109 words

和 訳

　寒さの厳しい日でした。軍本部から出てきたジョージ・ワシントンは、厚手のコートを着て、襟を立て、帽子を深くかぶり、身を切るような風から顔を守っていました。道路へ歩いていったときには、兵士たちが野営地の防備を固めている、誰も気が付かなかったでしょう、その背の高い、コートを着込んだ男が軍の総司令官だとは。

　彼は野営地に近づいたとき、兵士たちの小さい一団を見て立ち止まりました。伍長の指揮の下、丸太で防御壁を作っていたのです。男たちは重い丸太を引っ張っていました。えらそうな上官の伍長は端に立っていました、命令を出しながら。

目標タイム	Fastを聴く (1回目)	速音読 1	速音読 2	速音読 3	Fastを聴く (成果の確認)
32.7 秒	1・2・3・4・5	秒	秒	秒	1・2・3・4・5

"Up with it!" he cried. "Now all together! Push. Up with it, I say!" The men gathered new strength. A great push and the log was nearly in its place, but it was too heavy. Just before it reached the top of the pile it slipped and fell back.

The corporal shouted again. "Up with it! What ails you? Up with it!" The men tugged and strained again. The log nearly reached the top, slipped, and once more rolled back.

"Heave hard!" cried the corporal. "One, two three—now push!"

90 words

和　訳

　「上げろ！」と彼は叫びました。「さあ、みんな一緒に！ 押すんだ。上げろと言ってるだろ！」男たちは再び力を合わせました。強く押されて丸太は所定の位置に近づきましたが、やはり重すぎました。丸太の山の一番上に届く手前で、滑って落ちてしまいました。

　伍長は、また叫びました。「上げろ！ どうしたんだ？ 上げるんだ！」男たちは、また力を込めて引っ張りました。丸太は積まれた丸太の一番上に届きそうになりましたが、滑って、また転がり落ちてしまいました。

　「強く引っ張るんだ！」と、伍長は叫びました。「1、2、3──さあ、押せ！」

目標タイム 27.0 秒	Fastを聴く (1回目) 1・2・3・4・5	速音読 1 秒	速音読 2 秒	速音読 3 秒	Fastを聴く (成果の確認) 1・2・3・4・5

No. 12-3

Another struggle and then, just as the log was about to roll back for the third time, Washington ran forward, pushed with all his strength, and the log rolled into place on top of the breastwork. The men, panting and perspiring, sought to thank him, but he turned toward the corporal. "Why don't you help your men with this heavy lifting, when they need another hand?" he asked.

"Why don't I?" asked the man. "Don't you see I am a corporal?"

"Indeed," replied Washington, throwing open his greatcoat and showing his uniform. "I am only the Commander-in-Chief. Next time you have a log too heavy for your men to lift, send for me!"

113 words

和 訳

　再び悪戦苦闘し、またしても丸太が転がり落ちそうになった三度目のとき、ワシントンは走っていって、全力で押しました。丸太は転がって、防御壁の一番上の所定の位置に収まりました。息を切らして汗をかいた男たちが礼を言おうとしましたが、彼は伍長のほうを向きました。「部下の重労働を手伝ってあげたらどうだね、手助けを必要としているときには？」彼は、尋ねました。

　「助けたらどうかって？」と、伍長は聞き返しました。「私が伍長だってことがわからないのか？」

　「そうだな」とワシントンは答えました、厚いコートを脱ぎ捨てて制服を見せながら。「私は単なる総司令官だが。今度君の部下には重すぎて運べない丸太があったら、私を呼んでくれ」

目標タイム	Fastを聴く (1回目)	速音読 1	速音読 2	速音読 3	Fastを聴く (成果の確認)
33.9 秒	1・2・3・4・5	秒	秒	秒	1・2・3・4・5

語句解説

No. 12-1

- □ bleak　寒々しい
- □ start out from　〜を出発する
- □ headquarters　本部
- □ drew on
  draw on（〜をはめる）の過去形
- □ greatcoat　厚手のロングコート
- □ turn up the collar
  襟を立てる
- □ pull one's hat down
  帽子を深くかぶる
- □ shield　〜を保護する
- □ biting wind
  身を切るような風
- □ fortify　〜の防備を固める
- □ muffled　（コートで）覆われた
- □ figure　人物
- □ Commander-in-chief
  総司令官
- □ a company of　〜の一団
- □ under the command of
  〜の指揮のもと
- □ corporal　伍長
- □ breastwork
  胸の高さの防御壁
- □ tug at　〜を力いっぱい引く
- □ important　えらそうな
- □ superior　上官の
- □ give orders　命令を出す

No. 12-2

- □ gather strength
  力を合わせる
- □ in place　所定の位置に
- □ pile　積載された山
- □ slip　滑る
- □ shout　叫ぶ
- □ ail　〜を苦しめる
- □ strain　引っ張る
- □ roll　転がる
- □ heave　〜を引っ張る

No. 12-3

- □ struggle　奮闘
- □ be about to + 動詞
  まさに〜しようとする
- □ run forward　前方へ走る
- □ with all one's strength
  全力で
- □ pant　息を切らす
- □ perspire　汗をかく
- □ sought to + 動詞
  seek to + 動詞（〜しようとする）
  の過去形
- □ heavy lifting　重労働
- □ indeed　いかにも
- □ next time　今度〜するときは
- □ send for　〜を呼び寄せる

自己最速を更新しよう！

Break Your Own Records!

● 1セクションごとの最高タイムから、音読のスピードを計算して、
グラフに記入しよう。

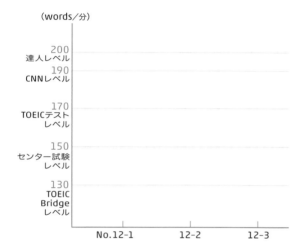

（words／分）

200 達人レベル			
190 CNNレベル			
170 TOEICテスト レベル			
150 センター試験 レベル			
130 TOEIC Bridge レベル			

No.12-1　　　12-2　　　12-3

● 下記の　　　　秒に、テキストごとの最高タイムを記入して計算すると、
1分あたりのスピードがわかります。

No. 12-1	6540	÷	秒	=	words／分
12-2	5400	÷	秒	=	words／分
12-3	6780	÷	秒	=	words／分

*L*EADERSHIP 3   リーダーシップ3

Nine-year-old Grace Bedell, who lived in Westfield, a small town in upstate New York, saw a picture of Abraham Lincoln shortly after he was elected President of the United States. It occurred to her that the President would look more impressive if he had whiskers so she wrote him a letter to that effect.

President Lincoln wrote back, pointing out that people might think that growing a beard was a silly affectation. Grace came right back with another letter saying it was the right thing to do because he looked too solemn.

92 words

和 訳

　9歳の少女グレース・ベデルは、ニューヨーク州北部の小さな町ウェストフィールドに住む、エイブラハム・リンカーンの写真を見ました、彼がアメリカ大統領に選ばれてすぐに。彼女は思いつきました、大統領はもっと堂々とした感じに見えるだろうと、もし彼がほおひげをはやしたら。そこで、彼女は大統領にその旨を伝える手紙を書きました。

　リンカーン大統領は返事を書きました、人々が思わないだろうかと指摘する、ひげはつまらない気取りだと。グレースはすぐさま返事を書きました、そうするのがいいのだと、大統領はあまりにもいかめしく見えるので。

目標タイム 27.6 秒	Fastを聴く （1回目） 1・2・3・4・5	速音読 1 秒	速音読 2 秒	速音読 3 秒	Fastを聴く （成果の確認） 1・2・3・4・5

On his way from Illinois to Washington for his inauguration, Lincoln ordered his special train to stop at Westfield, where he appeared on the rear platform and announced, "I have a correspondent in this town named Grace Bedell, and if she's present, I hope she'll step forward.

"Here I am!" cried the astonished Grace. "Well, Grace," said Lincoln, leaning over the rear rail, "I let these whiskers grow for you. I hope you think I'm looking better now."

"You look wonderful now," the little girl assured him, "and I bet you're going to be the greatest President this country ever had!"

Mr. Lincoln put his stovepipe hat on his head and the train chugged away.

115 words

和 訳

　イリノイからワシントンに就任式に行く途中、リンカーンは特別列車をウェストフィールドで止めさせ、ホームの後部に姿を現して言いました。「この町に文通相手のグレース・ベデルがいる。もしここにいたら、前に出てほしいのだが」

　「はい、ここよ！」驚いてグレースが叫びました。「やあ、グレース」と、リンカーンは言いました、後部の柵から身を乗り出して。「このほおひげは、君のために伸ばすんだ。前よりいいと思ってくれるといいのだが」

　「とてもすてきだわ」と、少女は請け合いました。「そして、あなたはきっと一番立派な大統領になるわ、この国の歴史の中で！」

　リンカーンはシルクハットを頭にかぶり、列車はシュッシュッと音を立てて去っていきました。

目標タイム 34.5 秒	Fastを聴く (1回目) 1・2・3・4・5	速音読 1 秒	速音読 2 秒	速音読 3 秒	Fastを聴く (成果の確認) 1・2・3・4・5

語句解説

No. 13-1

- □ upstate　州北部の
- □ it occur to ＋（人）＋ that
  （人）の心に〜が思い浮かぶ
- □ look impressive
  印象的に見える
- □ whisker　ほおひげ
- □ to that effect　その趣旨で
- □ point out　〜を指摘する
- □ beard　ひげ
- □ silly　馬鹿げた
- □ affectation　気取り
- □ solemn　いかめしい

No. 13-2

- □ on one's way from A to B
  A から B に行く途中で
- □ inauguration　就任式
- □ announce　〜を発表する
- □ correspondent　文通相手
- □ present　居合わせて
- □ step forward　進み出る
- □ astonished　驚いた
- □ lean over
  〜から身を乗り出す
- □ rail　柵
- □ assure　〜と断言する
- □ bet　〜と断言する
- □ stovepipe hat
  （ストーブの煙突のように高い）
  シルクハット
- □ chug away
  シュッシュッと音を立てて去って
  いく

自己最速を更新しよう！

Break Your Own Records!

● 1セクションごとの最高タイムから、音読のスピードを計算して、
グラフに記入しよう。

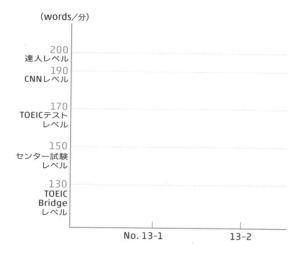

（words／分）

| 200 達人レベル |
| 190 CNNレベル |
| 170 TOEICテスト レベル |
| 150 センター試験 レベル |
| 130 TOEIC Bridge レベル |

No. 13-1　　　13-2

● 下記の　　　　秒に、テキストごとの最高タイムを記入して計算すると、
1分あたりのスピードがわかります。

| No. 13-1 | 5520 | ÷ | 秒 | = | words／分 |
| 13-2 | 6900 | ÷ | 秒 | = | words／分 |

発音できる英語しか
聞き取れない。
速音読トレーニングで、
275点アップ。

たきがわ　あきら
瀧川　朗 さん

　私が「BizCom 東京センター」に入校したのは３年前のこと
で、大学入学後に父に勧められたのがきっかけです。「就職活
動で TOEIC スコアが使えたらいいな」という気持ちでした。
　受験生の頃は英語がとても嫌いで、特にリスニングの問題が
苦手でした。ネイティブスピーカーの会話を聞くと、とても早
口で知らない単語だらけのように思えました。しかし、後でス
クリプトを見ると、知らない単語だと思っていた部分も実は
知っている単語だったということがよくあり、「なぜ聞き取れ
なかったんだろう？」と不思議に思っていました。
　この悩みを解決してくれたのが、速音読をはじめとする英語
トレーニングでした。トレーニング方法を知ってからは、CD
の音声を真似して、「スピード・強弱・単語間の音のつながり」
を意識して音読するように気をつけています。始めて１カ月ほ
どで、次第に聞き取れる英語が多くなっていくことが実感で
きました。しかも、以前はまったく聞き取れなかった "to " や
"in " といった弱く発音される単語ですら、他の単語との音の
つながりの中で、しっかり認知することができたのです。
　このときの感覚はとても新鮮でしたし、英語を理解できてい

る自分が信じられませんでした。よく BizCom の講師の方が「自分で発音できる英語しか聞き取れない」と言うのですが、まさにその通りだと思います。

　おかげさまで、3年前に500点だったスコアが775点まで上がりました。これからもトレーニングを続け、スコアアップを目指したいと思います。

　　速音読していただいた英文

Nine-year-old Grace Bedell, who lived in Westfield, a small town in upstate New York, saw a picture of Abraham Lincoln shortly after he was elected President of the United States. It occurred to her that the President would look more impressive if he had whiskers so she wrote him a letter to that effect.

President Lincoln wrote back, pointing out that people might think that growing a beard was a silly affectation. Grace came right back with another letter saying it was the right thing to do because he looked too solemn.

速音読タイム	1回目 25秒	2回目 23秒	3回目 21秒

*L*IFE　人生

Author/teacher Leo Buscaglia has a soft spot in his heart for Julia Child.

"I like her attitude," he says. "I watch her because she does such wonderful things: *'Tonight we're going to make a soufflé.'* And she beats this and whisks that, and she drops things on the floor and wipes her face with her napkin. And she does all these wonderful human things. Then she takes this soufflé and throws it in the oven, and talks to you for a while. Then she says, *'Now it's ready.'* When she opens the oven up, the soufflé caves in.

98 words

和 訳

　作家であり、教師でもあるリオ・ブスカグリアは弱いのです、ジュリア・チャイルド（アメリカの料理研究家）に。

　「彼女の立ち振る舞いが好きなんだ」と、彼は言います。「とてもすてきなことをするので、彼女（の番組）を見てるんだよ。『今晩はスフレを作ります』と言うと、彼女はこれを混ぜ、あれを泡立てして、床にものを落とし、自分の顔をナプキンでふいちゃったりするんだ。彼女は、そうしたすてきな人間らしいことをするんだよ。それからスフレを手に取ると、オーブンに投げ入れて、しばらく話をするんだ。それで、『さあ、できました』と言う。オーブンを開けると、スフレはへこんでいるのさ」

目標タイム 29.4秒	Fastを聴く (1回目) 1・2・3・4・5	速音読 1 秒	速音読 2 秒	速音読 3 秒	Fastを聴く (成果の確認) 1・2・3・4・5

No. 14-2

"You know what she does? She doesn't kill herself. She doesn't commit hara-kiri with her butcher knife. She says, '*Well, you can't win 'em all. Bon appetit.*'

"That's the way we have to live our lives. You can't win 'em all. But I know people who are still flagellating themselves over mistakes they made 20 years ago. They say 'I should have done this' and 'I should have done that.'

"Well, it's tough that you didn't. But who knows what surprises there are tomorrow? Learn to say '*Bon appetit.*' Life is a picnic and you can make some mistakes. Nobody said you were perfect. It might even be more interesting. You burned the dinner, so you go *out*."

118 words

和　訳

　「彼女がどうするか知っているかい？　自殺したり
しないんだ。肉切り包丁で切腹したりしないんだよ。
彼女はこう言うんだ。『まあ、思うようにいかないも
のですね。どうぞ召し上がれ』」

　「僕らはそうやって生きるべきだと思う。思うよう
にいかないものなんだよ。だけど僕は知っている、ま
だ自分を責めている人たちを、20年前に犯した間違
いで。彼らは言うんだ、『こうすればよかった』『ああ
すればよかった』って」

　「まあ、そうしなかったのはつらいだろうけど、誰
にわかるっていうんだい、明日にはどんな驚きがあ
るか？　言うことを覚えなくっちゃ、『どうぞ召し上が
れ』って。人生はピクニックさ、だから間違っていい
んだ。君が完璧だなんて、誰も言ってない。完璧じゃ
ないってのは、すごくおもしろいかもしれない。夕食
を焦がしちゃったら、外に出かけようよ」

目標タイム	Fastを聴く （1回目）	速音読 1	速音読 2	速音読 3	Fastを聴く （成果の確認）
35.4 秒	1・2・3・4・5	秒	秒	秒	1・2・3・4・5

語句解説

No. 14-1

- □ **author** 著者
- □ **have a soft spot in one's heat for**
  ～に弱い、大好きである
- □ **attitude** 立ち振る舞い
- □ **beat** ～をかき混ぜる
- □ **whisk** ～を泡立てる
- □ **wipe** ～を拭く
- □ **for a while** しばらく
- □ **cave in** へこむ

No. 14-2

- □ **kill oneself** 自殺する
- □ **commit hara-kiri** 切腹する
- □ **butcher knife** 肉切り包丁
- □ **you can't win 'em all**
  何でも自分の思うようにはいかない
- □ **Bon appetit.**
  どうぞ召し上がれ (フランス語)
- □ **live one's life** 生きる
- □ **flagellate** ～を罰する
- □ **should have** + 過去分詞
  ～すべきだった
- □ **tough** 不幸な
- □ **surprise** 驚き
- □ **burn** ～を焼き焦がす
- □ **go out** 外出する

自己最速を更新しよう！

Break Your Own Records!

● 1セクションごとの最高タイムから、音読のスピードを計算して、
グラフに記入しよう。

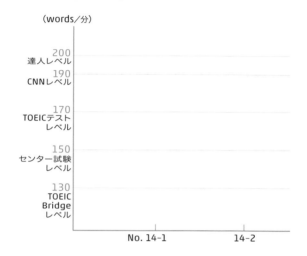

（words／分）

200
達人レベル

190
CNNレベル

170
TOEICテスト
レベル

150
センター試験
レベル

130
TOEIC
Bridge
レベル

No. 14-1   14-2

● 下記の   秒に、テキストごとの最高タイムを記入して計算すると、
1分あたりのスピードがわかります。

No. 14-1	5880	÷		秒	=		words／分
14-2	7080	÷		秒	=		words／分

STRESS　ストレス

Writer Charles Swindoll once found himself with too many commitments in too few days. He got nervous and tense about it.

"I was snapping at my wife and our children, choking down my food at mealtimes, and feeling irritated at those unexpected interruptions through the day," he recalled in his book *Stress Fractures*. "Before long, things around our home started reflecting the patter of my hurry-up style. It was becoming unbearable.

71 words

和　訳

　作家のチャールズ・スウィンドルはあるとき、やることがあまりにもたくさんあるのに日数がほとんどないことがわかり、ひどく神経質でピリピリするようになりました。

　「妻や子供に当たり、食事どきにはどうにか食べ物を飲み込む状態で、予期せぬ邪魔が入るたびにイライラしていた、1日を通して」と、彼は回想しています、著書『ストレス・フラクチャーズ』の中で。「間もなく、我が家の中のことが影響されるようになり始めた、急いで話す私の早口に。それは耐えがたいものになっていった」

目標タイム	Fastを聴く （1回目）	速音読 1	速音読 2	速音読 3	Fastを聴く （成果の確認）
21.3 秒	1・2・3・4・5	秒	秒	秒	1・2・3・4・5

"I distinctly remember after supper one evening, the words of our younger daughter, Colleen. She wanted to tell me something important that had happened to her at school that day. She began hurriedly, 'Daddy, I wanna tell you somethin' and I'll tell you really fast.'

"Suddenly realizing her frustration, I answered, 'Honey, you can tell me—and you don't have to tell me really fast. Say it slowly.'

"I'll never forget her answer: 'Then listen slowly.'"

76 words

和　訳

　「はっきりと覚えている、ある晩の夕食の後、娘の
コリーンの言葉を。彼女は、何か大事なことを話した
かった、その日に学校でおきた。彼女はせかせかと切
り出した。『パパ、聞いてほしいことがあるの、だか
ら、ものすごく急いで話すわ』」

　「娘の落ち着かなさにはっと気づき、私は答えた。
『ああ、言ってごらん――それに、すごく急いで話す
必要なんてないよ。ゆっくり言ってごらん』」

　「私は、娘の返事が忘れられない。『それじゃ、ゆっ
くり聞いてね』」

目標タイム	Fastを聴く (1回目)	速音読 1	速音読 2	速音読 3	Fastを聴く (成果の確認)
22.8秒	1・2・3・4・5	秒	秒	秒	1・2・3・4・5

語句解説

No. 15-1

- ☐ **commitment**
  やらなければならない約束

- ☐ **in too few days**
  ほとんど日数がない間で

- ☐ **get nervous**　神経質になる

- ☐ **tense about**　〜に緊張する

- ☐ **snap at**　〜に辛く当たる

- ☐ **choke down**
  〜をやっと飲み込む

- ☐ **at mealtimes**　食事中に

- ☐ **feel irritated at**
  〜にイライラする

- ☐ **interruption**　邪魔

- ☐ **recall**　〜を思い起こす

- ☐ **fracture**　破壊

- ☐ **reflect**　〜を反映する

- ☐ **patter**　早口のおしゃべり

- ☐ **hurry-up style**
  急いだ話しぶり

- ☐ **unbearable**　耐えがたい

No. 15-2

- ☐ **distinctly**　はっきりと

- ☐ **happen**　起こる

- ☐ **hurriedly**　急いで

- ☐ **wanna**
  want to (〜したい) の省略

- ☐ **somethin′**
  something (何か) の省略

- ☐ **suddenly realize**
  〜に不意に気づく

- ☐ **frustration**　欲求不満

自己最速を更新しよう！

Break Your Own Records!

● 1セクションごとの最高タイムから、音読のスピードを計算して、
グラフに記入しよう。

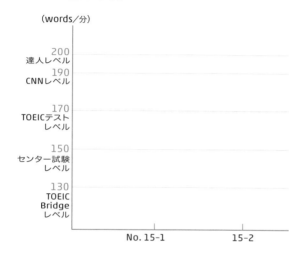

（words／分）

```
200
達人レベル
190
CNNレベル

170
TOEICテスト
レベル

150
センター試験
レベル

130
TOEIC
Bridge
レベル
```

No. 15-1   15-2

● 下記の ▢▢▢▢ 秒に、テキストごとの最高タイムを記入して計算すると、
1分あたりのスピードがわかります。

| No. 15-1 | 4260 | ÷ | 秒 | = | words／分 |
| 15-2 | 4560 | ÷ | 秒 | = | words／分 |

English **C**onversational **A**bility **T**est
国際英語会話能力検定

● E-CATとは…
英語が話せるようになるための
テストです。インターネット
ベースで、30分であなたの発
話力をチェックします。

www.ecatexam.com

● iTEP®とは…
世界各国の企業、政府機関、アメリカの大学
300校以上が、英語能力判定テストとして採用。
オンラインによる90分のテストで文法、リー
ディング、リスニング、ライティング、スピー
キングの5技能をスコア化。iTEP®は、留学、就
職、海外赴任などに必要な、世界に通用する英
語力を総合的に評価する画期的なテストです。

www.itepexamjapan.com

「英語回路」育成計画
1日10分 超音読レッスン 感動編[新装版]

2012年9月3日　初　版　第1刷発行
2021年3月6日　新装版　第1刷発行

著　者　鹿野 晴夫
監　修　川島 隆太

発行者　浦 晋亮

発行所　IBCパブリッシング株式会社
　　　　〒162-0804 東京都新宿区中里町29番3号 菱秀神楽坂ビル9F
　　　　Tel. 03-3513-4511　Fax. 03-3513-4512
　　　　www.ibcpub.co.jp

印刷所　株式会社シナノパブリッシングプレス
CDプレス　株式会社ケーエヌコーポレーションジャパン

ISBN978-4-7946-0653-2